经济管理学术文库 • 金融类

我国资本市场结构的功能绩效评价及优化研究

Research on the Evaluation and Optimization of the Functional Performance for the Capital Markets Structure in China

邵国华／著

经济管理出版社
ECONOMY & MANAGEMENT PUBLISHING HOUSE

图书在版编目（CIP）数据

我国资本市场结构的功能绩效评价及优化研究/邵国华著.—北京：经济管理出版社，2016.12
ISBN 978-7-5096-4795-0

Ⅰ.①我… Ⅱ.①邵… Ⅲ.①资本市场—市场结构—研究—中国 Ⅳ.①F823.5

中国版本图书馆CIP数据核字(2016)第308319号

组稿编辑：宋　娜
责任编辑：宋　娜
责任印制：黄章平
责任校对：赵天宇

出版发行：经济管理出版社
（北京市海淀区北蜂窝8号中雅大厦A座11层　100038）
网　　址：www.E-mp.com.cn
电　　话：（010）51915602
印　　刷：北京九州迅驰传媒文化有限公司
经　　销：新华书店
开　　本：720mm×1000mm/16
印　　张：11
字　　数：181千字
版　　次：2017年5月第1版　　2017年5月第1次印刷
书　　号：ISBN 978-7-5096-4795-0
定　　价：88.00元

联系地址：北京阜外月坛北小街2号
电话：（010）68022974　　邮编：100836

摘　要

改革开放以来，随着我国经济的快速发展，我国资本市场迅速崛起，尤其是进入21世纪后，我国资本市场的规模日益扩大、功能不断增强、结构日渐完善，但各主要子市场结构是否合理值得探讨。因此，从资本市场结构的绩效视角考察资本资源配置是否达到“帕累托最优”状态应当是我国理论界和实务工作者关注和探讨的重点问题。

本书以我国资本市场中的股票市场、债券市场和基金市场为研究对象，通过对我国资本市场的结构及功能发展变迁进行分析，借鉴国内外资本市场功能效率理论，运用资本市场结构的功能绩效评价相关模型，选取我国资本市场结构和经济发展的历史数据进行实证计量分析，通过它们之间的相关关系比较，考察我国资本市场的结构对促进经济增长、优化资源配置、体制完善、社会进步等功能的表现。在此基础上，借鉴发达国家较为成熟的资本市场建设经验，结合我国具体国情，提出构建结构合理、规模适度、功能完备、运作规范的我国资本市场体系的对策建议。希冀本书能为我国资本市场的政府主管部门发展资本市场及优化其结构提供理论依据和决策参考。

本书共包括六章：

第一章，主要介绍本书的选题背景、国内外相关研究文献综述、研究范畴、研究思路和研究方法等内容。

第二章，通过国内外对资本市场功能的理论述评，回顾我国资本市场结构的功能变迁与发展历程，探讨我国资本市场的不足。

第三章，梳理和甄选了关于考察和评价资本市场及其结构功能绩效的理论和模型，为下一步进行实证计量分析提供理论和技术支撑。

第四章，选取我国资本市场总体及其结构和经济发展的具体数据，运用相关模型进行实证计量分析。例如，用哈罗德—多马经济增长模型和宏观变量对债券回报的回归分析法来考察债券市场功能绩效；用现代证券组合模型、单因素整体绩效评估模型、基于 APT 的多因素基金绩效评价模型和基金的选股与择时能力模型来考察基金市场功能绩效；用 C – D 函数模型和 AK 模型来考察资本市场中各子市场对经济增长的不同影响。运用 1992 ~ 2011 年间经济数据对各模型进行回归分析，结果表明债券市场及制度因素对经济增长具有一定的促进作用，但是股票市场和基金市场没有发挥其应有的作用。

第五章，在上述实证分析的基础上，剖析影响我国资本市场及其结构功能绩效的因素。

第六章，借鉴发达国家成熟的资本市场运作经验和资本市场结构，提出了我国资本市场结构优化的目标，探讨了我国资本市场的规范运作及监管对策。

目录

第一章　导论

第一节　选题的背景

随着20世纪70年代末中国经济改革开放战略的启动，我国资本市场经过30多年的孕育和培植，从无到有，从小到大，从区域到全国，得到了飞速发展，在很多方面走过了一些发达市场经济国家几十年，甚至上百年走过的历程。在政府和各方面力量的共同推动下，我国资本市场规模不断壮大，制度不断完善，证券服务机构和投资者不断成熟，已成为我国经济快速发展的助推器和可持续发展的保障。

30多年来，我国资本市场在募集资金、国企改革等方面发挥了巨大作用，但在价值发现、资源配置、分散风险、财富效应与投资效应等方面的作用并不明显，具体表现在：第一，“晴雨表”功能缺失。证券价格背离内在价值，证券市场走势与宏观经济运行之间的关联性不强。第二，投资功能缺失。表现是证券投资收益不呈“正态分布”，大部分投资者不能获得平均的期望利润，且收益和风险不对称，投资者不能获得相应的“风险溢价”。第三，公司治理功能缺失。资本市场对上市公司和其他证券机构缺乏应有的约束功能，上市公司偏好“股权融资”，企业法人总是最大限度地扩大企业规模，他们并不在乎投资与收益的关系，甚至在项目的净现值小于零的情况下也进行投资。第四，投机现象严重。投资大都不关心来自上市公司的红利分配，偏好“股权分红”，希望从中获得超常的资本得利，当投资者预期一旦得不到实现，股票价格就大幅度波动。第五，融资功能过度发挥，但无投资效应。资本市场的投资效应指其证券价格高于价值时的投资动机，而我国上市公司和基金公司等在任何时候都具有投资冲动，资本市场的投资效应得不到体现。第六，证券市场价格不遵循“随机游走”规律，或者说市场往往被操纵。表现是一方面某些投资者凭借资本、信息优势可以操纵市场，能够以较低的风险获得较高的收益；另一方面，大部分投资者却要承担较高的市场风险。

从外部环境来说，在2008年美国次贷危机引爆的国际金融危机阴霾尚未散去和世界经济增长放缓的形势下，我国经济的持续、快速、健康发展面临着严峻的考验和挑战。作为具有国民经济“晴雨表”之称的资本市场能否充分发挥其功能将关系到国民经济能否平稳健康运行，而资本市场整体的功能绩效又与其结构中各子市场的功能绩效息息相关。

近些年来，国内理论界虽然出版了不少有关资本市场的论著，但绝大多数都是着重描述和介绍西方的证券市场；或者是着重于投资技巧、市场操作的论述。正如张亦春教授所言：“有些号称金融市场理论方面的书甚至通篇都是股票交易的过程和方法，而缺少对金融市场理论的形成、演变和发展的理论研究。”理论的缺乏必然带来实践中的诸多问题。如政策制定者及市场监管者不能从宏观经济全局的角度来认识资本市场的重要性，不能很好地把握资本市场与国民经济其他部门的关系，因而在制定政策和对资本市场进行监督管理时，经常是“头痛医头、脚痛医脚”，顾此失彼，缺乏长远考虑，甚至有时迫于民情舆论，乃至屈从利益集团的压力，做出对国民经济和资本市场长远发展不利的决定。由此，本书依据产业组织理论的经典分析框架——SCP（Structure Conduct Performance）分析范式，从系统全局的视角探讨我国资本市场的结构、功能、绩效及结构优化问题，希冀一方面能成为我国资本市场理论发展和完善的有益探讨，另一方面能为防范我国金融风险、促进我国资本市场健康发展和保障我国经济平稳增长提供理论参考和实践指导。

第二节　本书相关研究文献综述

国内外从宏观层面对资本市场结构的功能绩效综合研究不多，但对资

本结构和资本市场研究的文献比较多，可是相当零杂，而且对资本市场的认识也存在较大差异。把资本市场相关研究和文献归纳起来主要可分为以下三类：一类是信息经济学与资本市场理论，主要分析各经济主体利用经济信息进行的决策行为；另一类是现代公司资本结构理论，主要研究如何通过优化企业的资本结构，从而完善企业的治理结构，提高企业的经营绩效，为资本市场的发展和创新提供动力；还有一类是风险—收益与资本资产定价模型，主要研究资本市场投资活动中的风险与收益问题，及投资者对风险与收益进行分析与评估的各种方法。

一、国外相关研究述评

（一）关于储蓄向投资转化的效率学说

马克思认为资本不是物，而是能够带来剩余价值的价值，是推动商品经济发展、解放社会生产力的重要手段；庞巴维克（E. V. Bohm - bawerk，1889）在《资本实证论》中发展了资本与利息理论，并认为资本是能够产生利息的本钱；威廉·配第（William Petty，1672）在其《政治算术》中把资本等同于流通中的货币；亚当·斯密（Adam Smith，1776）在《国民财富的性质和原因的研究》中用“积蓄”（Stock）和资本（Capital）解释资本概念；萨伊（Say，1803）在其《政治经济学概论》中将资本理解为产业装备的物品和价值；而马尔萨斯（T. R. Malthus，1820）在其《政治经济学原理》中认为资本只不过是积累的财富中被用来在未来财富的生产与分配中谋取利润的特殊部分。这些不同的论述，可以归为三类：第一类是将资本当作一种生产要素物质形态来研究，我们称其为技术概念；第二类是当作一种生产要素价值形态来研究，我们称其为金融概念；第三类是当作一种社会关系来研究，我们称其为政治概念。

一般而言，资本形成效率对经济效率产生直接影响。这种影响具体体现在两个方面，即资本的集合作用和资本对经济活动内在的效率要求。一方面，社会经济发展是各种资源与各种技术结合的结果，在此过程中，资本作为纽带，将各种生产要素集合到一起，是生产结合不可缺少的媒介；另一方面，资本的人格主体追求利润最大化的动机演变成在资本运用过程中的效率要求。从某种意义上讲，只要资本形成效率高就能带来经济的高增长和高效益。

关于增加资本的意义，马克思曾指出：“生产逐年扩大是由于两个原因：第一，由于投入生产的资本不断扩大；第二，由于使用的效率不断提高。"① 资本的追加投入和生产效率提高本质上是一样的，即增加劳动量来增加社会财富，提高生产效率是用较少的劳动获得较多的财富，实际上是另一种增加劳动投入的方式。

哈罗德—多马模型是现代经济增长理论中一个颇有影响的模型，该模型极力强调了资本对于经济增长的意义。在模型 G = S/K 中，由于资本产出比率 K 假定为固定不变化，因而经济增长率 G 就只受制于储蓄 S，而在储蓄全部转化为投资的模型假设条件下，储蓄率等于投资率，从而也就等于资本形成率。

在发展经济中，早期的经济学家们都强调资本对发展中国家的重要性，并指出：发展中国家往往由于两个循环导致这些国家的"贫困恶性循环"，一个循环是低下的收入形成低下的资本形成率；另一个循环是低下的人均收入导致购买力不足，在资本需求方面形成制约资本增长。因此，资本不足是经济发展的"瓶颈"，并强调资本形成是经济落后国家的中心问题。

罗斯托（W. W. Rostow）在其《从起飞进入持续增长的经济学》中提出：一个国家的经济起飞必须具备的一个最重要的条件是将净投资率提高到 10% 以上。

刘易斯（W. A. Lewis，1955）在《经济增长理论》中指出："辛勤劳动与资本形成是经济增长的一个绝妙公式，没有辛勤劳动的资本形成也会产生巨大的增长，而没有资本形成的辛勤劳动对发展做出的贡献则微不足道。"

对于发达国家而言，资本形成对经济增长的重要性是间接体现的。在这方面，E. F. 丹尼森（E. F. Denson）、西蒙·库兹涅茨（Simon Kuznets）以不同的分析方法得出了相类似的结论：资本形成不再是经济增长的主要源泉，知识进步才是经济增长最大的和最基本的原因。丹尼森②根据其首创的多因素分析法，以 1929～1960 年美国经济增长为样本，测算各种因素的贡献率。结论是：劳动投入的贡献率是 38.7%，知识进步的贡献率是 27%，而资本存量的扩大只有 14.7%，而且知识因素的权重有进一步

① 马克思，恩格斯．马克思恩格斯全集［M］．北京：人民出版社，1973.

② ［美］丹尼森．美国经济增长的原因，1929～1960 年［M］．华盛顿：布鲁金斯研究所，1974.

提高的趋势。但金融对技术的进步的作用是不可低估的。发达国家通过创业风险投资机制的形成，为知识和技术创新及其转化，营造了一个良好的外部环境。新知识、新技术与金融的结合极大地激发了创新浪潮，金融成为创新不可或缺的重要条件。所以金融对于经济增长的贡献相当一部分是间接体现的。

（二）金融结构和功能学说

格利和肖（Guriey and Shaw，1960）① 从专业化和劳动分工的角度考察了金融在经济中的作用。他们认为：①货币的出现促进了生产—消费过程中的分工。以货币为媒介的交易替代物物交换的过程在技术上称为“货币化”。货币的出现所导致的间接交换，消除了物物交换在时间和空间上的限制，扩大了市场的范围，从而有利于经济增长。②债务、金融资产和金融机构的出现促进了储蓄—投资过程中的分工。根据收入—产出账户上经济单位（或部门）的收支情况，可以把整个经济划分为盈余单位（或部门）、平衡单位（或部门）和赤字单位（或部门）。在整个储蓄—投资过程中，盈余单位是储蓄者，赤字单位是投资者，而金融的作用就是把储蓄者的储蓄转化为投资者的投资，从而提高全社会的生产性投资水平。另外，在实际生产中，由于投资具有不可分割性，投资者仅仅依靠自我融资往往无法进行投资，即一次性的大量投资超出了单个经济单位的资金能力。他还必须依靠外部融资，即只有通过调动其他盈余单位的储蓄才能进行投资，而这有赖于金融中介。格利和肖的另一突出贡献是区分“内部货币”（Inside Money）和“外部货币”（Outside Money）。在政府购买商品和劳务时或在进行转移支付时发行的货币称为“外部货币”，因为对私人部门来说，它是外部债务，即私人部门外部（即政府）的债务。在政府购买私人证券时发行的货币称为“内部货币”，因为对私人部门来说，它是内部债务，即私人部门内部的债务。简言之，外部货币是私人部门的债权，内部货币同时是私人部门的债权和债务。在现代经济中，大部分货币是内部货币。

帕特里克（Patrick，1966）发表的《欠发达国家的金融发展与经济增长》一文中指出，在金融发展和经济增长的关系上，有两种研究方法：

① ［美］格利、肖．金融理论中的货币［M］．贝多广译．上海：上海三联书店，上海人民出版社，1988.

一种是“需求追随”（Demand - Following）方法，它强调的是金融服务的需求一方，随着经济的增长，经济主体会产生对金融服务的需求，作为对这种需求的反应，金融体系不断发展。也就是说，经济主体对金融服务的需求，导致了金融机构、金融资产与负债和相关金融服务的产生。另一种是“供给领先”（Supply - Leading）方法，它强调的是金融服务的供给一方，金融机构、金融资产与负债和相关金融服务的供给先于需求。鉴于理论界对后一种方法的相对忽视，帕特里克认为应该把这两种方法结合起来，并且指出，在实践中，需求追随现象和供给领先之间存在着一个最优顺序问题，即在经济发展的早期阶段，供给领先型金融居主导地位，而随着经济的发展，需求追随型金融逐渐居主导地位；不仅如此，最优顺序问题也可能在部门内和部门间存在。接下来，帕特里克着重考察了金融发展和经济增长的关系。他的出发点或参考点是金融资产与负债存量和实际产出之间有着很强的正相关关系。帕特里克指出，金融体系对资本存量的影响体现在三个方面：第一，提高了既定数量的有形财富或资本的配置效率，因为金融中介促使其所有权和构成发生变化。第二，提高了新资本的配置效率，因为金融中介促使新资本从生产性较低的用途转向生产性较高的用途。第三，加快了资本积累的速度，因为金融中介促使人们更加愿意储蓄、投资和工作。

希克斯①考察了金融对工业革命的刺激作用。他认为，工业革命不是技术创新的结果，或者至少可以说，不是技术创新的直接结果，因为工业革命早期使用的技术创新大多发生在工业革命之前。相反，新技术的应用，需要大量的投资于特定项目和高非流动性的长期资本。在缺乏金融市场的情况下，这是办不到的。这样，技术创新本身不足以刺激增长；新技术的应用还需要流动性强的资本市场的存在。所以，工业革命只有在金融革命发生（即 18 世纪上半叶英国金融市场的飞速发展）之后，才有可能发生。

戈德史密斯（Goldsmith）开创了有关金融发展与经济增长关系的实证研究之先河。他使用金融中介体的资产价格与 GNP 的比率作为一国金融发展指标，他在 1969 年出版的《金融结构与金融发展》一书中，通过检验 35 个国家在 103 年间（1860 ~ 1963 年）的数据，对金融结构与金融

① ［英］约翰·希克斯. 价值与资本［M］. 薛蕃康译. 北京：商务印书馆，1983.

发展作了横向的国际比较和纵向的历史比较，发现金融发展与经济增长一般是同时发生的。随着时间的推移，越来越多的证据表明金融因素与经济发展之间具有较强的联系。在戈德史密斯看来，“金融理论的职责就在于找出决定一国金融结构、金融工具存量和金融交易流量的主要经济因素，并阐明这些因素怎样通过相互作用而促成经济发展”。但“比较研究金融的结构与发展，首先要弄清楚并描述各个国家之间或各个国家集团之间在现存金融结构或金融发展过程中存在的差异；其次还要探索和说明金融发展与经济增长之间的关系”。为此，他提出了金融结构与经济发展的概念。此外，戈德史密斯看出，金融发展与经济发展之间存在着密切的关系。然而他却未能就二者之间的因果关系得出明确的结论，他在书中写道：“我们无法弄清这种联系究竟意味着什么，到底是金融因素促进了经济的发展呢？抑或金融发展是由其他因素引起的经济增长的一种反映呢？”戈德史密斯认为，“金融机构对经济增长的效用必须从总量以及储蓄与投资的分配这两个方面进行探讨”。金融中介机构是金融系统中开展业务活动的主体，其资产主要由金融工具组成。按这种标准划分，主要的金融中介机构可以划分为两大类：货币发行机构和非货币发行机构。货币发行机构专门从事货币发行任务。非货币发行机构又可以进一步细分为储蓄机构、保险组织及其他各种中介机构，如融资公司、投资公司、二级金融中介机构、开发银行、投资银行、证券经纪商等。在不同的国家，不同金融机构的重要性很不相同。即使在同一个国家，在金融发展的不同阶段，金融机构在整个金融机构体系中的地位和作用也有很大的差别。戈德史密斯的研究结论显示：金融机构的数量在每个国家的实际运行中呈现出增加的趋势；同时，发达国家的金融机构种类和规模一般比不发达国家要多一些。这一结论直观地显示出：随着经济的发展，金融系统对经济生活的渗透程度逐渐提高。他认为，金融机构的存在与发展可以有效地增加储蓄和投资总量。同时，金融机构的介入还能有效地将既定的资金分配给收益率较高的投资项目，从而使平均的投资效率得以提高。

（三）金融深化和发展学说

罗纳德·麦金农（R. I. Mckinon，1973）在其先后出版的《经济发展中的货币与资本》及《经济市场化的次序——向市场经济过渡时期的金融控制》两本专著中对发展中国家金融压制不利于经济发展和增长的现实提出了金融市场化或自由化的理论与政策。在麦金农看来，新古典经济增长理论的货币性分析是建立在如下假设条件上的：①资本市场是完善的，并且以低成本运行，存在一种单一的实际利率拉平所有实际资产和金融资产（货币除外）的收益。这意味着名义利率能准确地反映预期的通货膨胀。②企业具有不变的规模报酬，投入和产出是完全可分的，所有企业均可获得相同的技术，并面对市场上相同的价格。③货币的交易需求和一个为资本积累服务的完善的实质资本和有息凭证市场，使得货币对资本积累本身没有直接的作用。④货币只是法定的价值符号，通货和存款之间没有本质的差别。依据前面这四个假设所建立起来的货币需求函数和总生产函数公式可以推导出货币和实际资本之间的替代效应。由于这种关系，新古典理论认为：当一国资本积累明显，而政府又没有常规的手段去增加公共盈余的能力时，政府只有增大货币发行，通过通货膨胀来减少实际利率。这样，一方面，通过公共收入的增加而增加公共投资来提高实际资本积累；另一方面，根据替代效应，人们会减少货币持有量，增加实际资本持有量。但麦金农认为新古典经济增长理论不适合于发展中国家。麦金农继承和发展了戈德史密斯的观点，认为在发展中国家缺乏有组织的金融以及政府用以替代金融过程的手段。新古典理论的假设条件在发展中国家几乎都不成立。为此，他在对实际利率如何影响储蓄、投资和经济增长的分析时首先做出三点假设：①所有经济单位都是自我融资，相互之间不发生借贷关系。②投资金额不可细分，投资者在投资前必须先积累较大量资金。③政府不通过税收支出和货币发行手段来直接参与资本积累过程。假设①和假设②意味着现实经济中很多有生产条件的厂商将无力扩大投资。假设③意味着政府只能通过影响实际收益率来影响投资。基于上述假设，麦金农认为，新古典理论中的货币与资本的替代关系就不再存在了。人们想要投资，就必须积累货币。期望投资水平越高，货币的持有量也越大。因此，货币与资本之间实际上存在着互补的关系。在这种情况下，政府就可以持有提高利率持有货币的实际收益率，就能增加实际货币持有量，进而增加投资。

麦金农认为，由于发展中国家的经济往往是处于割裂的状态，大量的经济单位互相隔绝，各自面对的是不同的生产要素价格、产品价格、技术条件和资本报酬率。同时，大批的小企业被排斥在有组织的资金市场之外，它们只能先通过一定时期的内部融资，才有可能进行投资。由于以实物形式进行内部积累比货币形式成本高，所以内部积累是以货币形式进行的。这样，一定时期的货币积累是投资的先决条件。此即货币“渠道”效应。麦金农把货币的实际收益率过低，甚至是负数时导致的实际货币余额过低这一现象称为“金融压制”（Financial Repression）。这种状况的出现，可能是由于人为压低利率，也可能是因为通货膨胀造成的。因此，要使这些国家经济起飞，就必须解除金融压制，通过金融自由化（市场化取向改革）来使利率高到足以反映资本的稀缺程度，并最终消除膨胀。此外，麦金农还认为，发展中国家不能过分地、长期地依赖国外资本。同时，金融自由化还必须与贸易自由化、税制合理化和正确的政府支出政策相配合，才能开拓国内资金来源，促进经济的发展。

爱德华·肖（E. S. Shaw，1973）教授在其出版的《经济发展中金融深化》中认为，由于新古典理论的前提之一是存在完善的市场体系，因此，将该理论应用于发展中国家只能在长期内运用。肖的研究对象是“滞后经济”（the Lagging Economy）。所谓“滞后经济”是指市场机制不健全，价格不能反映供求关系的变化，资本市场和货币市场不发达，市场被严重分割，信息流通不畅等一系列情况。肖的观点和麦金农相似，但他的研究角度和麦金农不同。肖首先批评了传统货币和金融的观点，即新古典学派的货币财富观，认为这不符合滞后经济的实际情况，并提出了自己的债务中介理论和金融深化理论。在债务中介理论中，肖强调货币的债权债务关系。他认为实际货币既非社会财富，也非生产要素，实际货币余额的增减不影响社会收入，货币仅是债务中介。因此他舍弃了麦金农的自我融资假设从债务中介观点来解释金融自由化的效果。他认为发达国家和发展中国家的金融体系大不相同，发达国家拥有精微的、复杂的、多样化的金融机构，可以便利地将储蓄转化为投资。金融中介的作用在于改善资源分配与决定人均收入水平，因此人均收入水平与金融机构的完善和成熟程度有着正相关关系。

在肖的理论中，货币增长的替代效应是不存在的。在上述基础上，肖提出了金融深化理论。金融深化（Financial Deepening）指的是“解除对实际利息率的限制，从而使其反映储蓄的稀缺性，刺激储蓄，提高投资收益率”。处于金融深化进程的经济体系具有如下特征，“金融资产存量的品种和范围扩大，期限种类增多，其与国民收入之比或者与有形物质财富之比逐渐上升；金融资产流量较少依赖财政收入和国际资本，而更多地依赖国内储蓄，货币流动速度也降低了；金融体系的规模扩大、机构增加、职能专业化”。在戈德史密斯之后的肖等人所提出的金融深化理论也强调了金融中介机构在促进经济发展中的作用，但他是从货币的债务媒介观出发来推导其理论的。其基本结论是货币行业的服务作为生产过程的“中间投入”，对于有效动员储蓄和配置储蓄的效率是至关重要的。此外，在肖看来，金融深化过程至少会带来四种效应，即收入效应、储蓄效应、投资效应和就业效应。

20世纪70年代后半期到80年代初期，许多经济学家在麦金农和肖的研究成果的基础上，进行了诸多重要的拓展，称为“麦金农—肖框架的第一代拓展”，又称金融抑制模型。他们在理论倾向上和政策建议方面并没有超越金融深化经典作家的思想，但是这些后来的经济学家对麦金农和肖著作中未加详细发挥的命题进行了严格的模型化，建立了正式的宏观经济模型。其中，影响最大的是卡普尔—马西森（Kapur - Mathieson）模型，是从投资数量的角度考察金融深化的影响。

卡普尔—马西森模型应用于劳动力富余的发展中国家，其生产函数可以用哈罗德—多马总生产函数来表示：$Y = \delta K$。其中，Y是实际产出，K是总利用资本，δ是产出/资本比率。卡普尔—马西森模型假定金融发展的状况只影响资本的数量 ΔK，但是实际经验研究的结果表明，金融自由化和金融发展不仅仅影响资本数量，还影响投资的质量，而且对投资质量的影响远远大于对资本数量的影响。

加尔比斯（Vicente Galbis，1997）① 在接受麦金农的货币与实物资本互补性假说和货币的渠道效应的基础上，用两部门模型修正和补充了麦金农的一部门模型。加尔比斯基本同意麦金农对发展中国家经济特征的总结，但就投资收益率差异问题，他认为发展中国家的特殊性不在于投资收益率的暂时不一致，而是由于金融中介不发达及投资的不可分割性，使用落后技术的投资者无法通过资本转移来取得较高的收益率，因此，因技术差异而形成的收益率差异无法通过资源转移加以消除。要解决这一问题，就必须发挥金融中介筹集和分配资金的功能。在他看来，“金融中介过程的改进，使金融资源与实际资源由陈旧的低收益投资转向新的投资，很可能导致整个经济增长率的显著加速”。

---

① Vicente Galbis. Financial Intermediation and Economic Growth in Less - Developed Countries: A Theoretical Approach［J］. Journal of Development Studies, 1997, 13 (2): 58 - 72.

20 世纪 90 年代，发展起来的第二代金融发展理论的研究重点是金融系统及其两个组成部分——金融中介和金融市场。它利用内生增长理论的研究方法来研究金融中介和金融市场是如何诞生，怎样服务的以及两者是如何作用于经济增长的。他们阐明金融系统可以鼓励个人减少其持有的非生产性有形资产，将储蓄投向生产性投资，同时还可以改善投资资金的分配，如可以集中资金，获得信息，把资本投向效益最高的地方，从而提高资本的平均报酬率。同时可以对投资提供长期资金，可以使人们减少风险项目投资，鼓励人们只拥有资本的所有权。这样，金融系统就可以引导资产组合倾向于生产性投资，增加生产性投资的质与量。为此，他们建立了大量的理论模型和实证模型。

在 King 和 Levine 的模型①中，金融中介可以采取多种形式，既可以是银行，也可以是投资银行或风险投资机构，不管金融中介采取何种形式，这些金融机构都比私人投资者更有效地提供研究、评估和监督服务，同时所花费的成本也比私人投资者要低，同时金融机构的流动性更强，从而比私人投资者更能为企业提供适当的融资服务。总之，对企业的评估与分类降低了生产性投资的成本，提高了生产效率，从而刺激了经济增长。具体而言，他们提供了完整的模型来解释金融中介产生的根源和金融中介在经济中的作用，认为金融体系可以鼓励私人通过减少非生产性的有形资本的持有量将其储蓄转化为生产性的投资，而且可以通过多种途径提高投资资金的配置效率：金融系统可以产生资金的蓄积作用并因此获得更多信息，使得它们可以将资本配置到具有最高使用价值的投资用途上来，从而提高了资本的平均收益；通过为储蓄者提供流动性，可以提供更多的到期中介服务，同时可以为投资者提供长期资金，这就刺激了生产性投资；金融系统还可以提高私人投资形式的多元化，从而便于投资者分散私人项目的风险，鼓励了资本拥有的生产性投资；金融系统中的金融中介还有评估投资项目的可能，有助于评价来自特定创新行为的预期收益。

20 世纪 90 年代以代表人物戴蒙德（D. Diamond）、卢卡斯（R. Lucas）、戈德史密斯（Goldsmith）、格林伍德（J. Greenwood）等创立的第二代金融发展理论的主要内容是：一方面解释了金融中介体和金融市

① King R. and R. Levine. Financial Intermediation and Economic Development, in Capital Market and Financial Intermediation［M］. Cambridge University Press, 1992.

场是如何单独内生形成和发展的以及它们是如何同时内生形成和发展的；另一方面解释了金融中介体和金融市场是如何单独作用于经济增长的以及它们是如何同时作用于经济增长的。由于理论框架不同，这些政策主张不同于第一代金融发展理论家的政策主张。第一代金融发展理论家的政策主张较单一，总之，他们倡导金融自由化。也许是假设条件较贴近现实的缘故，与金融自由化相比，第二代金融发展理论家的政策主张较适合发展中国家和转型国家，特别是那些目前仍处于金融抑制状态但迫切希望走出这种状态的国家。

（四）金融市场的投融资效率理论

随着20世纪50年代直接融资的飞速发展，现代金融理论从传统金融理论的一般均衡分析方法转变为数理模型分析方法，研究对象从宏观层面研究金融转变为从微观层面研究金融的行为，从经济金融领域转变为社会工程领域。首先，马科维茨（Harry Markowitz，1952）利用均值—方差分析方法对资产的收益和风险进行衡量，提出了风险资产的投资组合理论。此后，詹姆斯·托宾（James Tobin，1958）证明了给定无风险资产与风险资产的投资组合模型。同年，莫迪利安尼（Modigliani，1952）与米勒（Millre，1952）提出公司融资理论（MM模型）。夏普（Sharp，1964、1970）、林特纳（Lintner，1965）和莫辛（Mossin，1966）又几乎同时发展了资本资产定价模型（CAPM）。斯蒂芬·罗斯（Stephen A. Ross，1976）则根据证券的预期收益与风险方差建立了最佳的投资组合，即套利定价模型（APT模型，1972）。卡普尔（Kapur）和列文（Levin）等将内生经济增长理论引入金融发展理论，提出了研究金融市场与经济增长关系的理论和实证模型。而克鲁格曼（Krugman）等提出的金融危机理论对造成资本市场效率损失的金融泡沫进行了理论分析。金融理论上的这些创新丰富了金融效率研究的手段，扩展了效率研究的领域和视野。

对资本市场效率的真正研究是从尤金·法玛（Eugene Fama，1970）开始的。在他看来，资本市场的效率在于资本市场能否反映各种与市场有关的信息。由此，尤金·法玛把资本市场划分为弱势有效市场、半强势有效市场和强势有效市场，并对此进行了检验。

R. I. 罗宾逊（Roland I. Robinson，1974）和D. 怀特曼（Dwayne Wrightsman，1974）将市场效率分为操作效率（Operational Efficiency）和配置效率（Allocational Efficiency）。前者指融资过程中与成本对应的效

益，即市场运行效率；后者则是将资金引导到具有效率的生产领域的有效性，即市场配置效率。其中，竞争是保证资本形成与配置公平、安全和有效的关键。

A. D. 贝恩（A. D. Bain，1981）则将金融效率区分为微观经济效率和宏观经济效率。杰克·雷维尔（Jack Revell，1983）认为金融部门不同于一般生产部门，仅仅根据金融体系本身的运作效率，难以衡量金融部门投入产出的效率，他将贝恩提出的效率归结为结构效率和配置效率。

哈罗德—多马模型是现代经济增长理论中一个颇有影响的模型，该模型极力强调了资本对于经济增长的意义。

格利和肖（Guriey and Shaw，1960）从专业化和劳动分工的角度考察了金融在经济中的作用，提出了金融结构和功能学说。

戈德史密斯（Goldsmith，1969）在1969年出版的《金融结构与金融发展》一书中提出了金融结构与经济发展的概念。

Beck 和 Levine（2002）利用GMM方法（广义矩估计方法，即出发点是设定一个函数，对于模型中的任何数据生成过程，该函数既依赖这个过程产生的数据，又依赖模型参数）选取、分析了40个国家1976~1998年的面板数据，在对这些指标的实证分析中，检验结果证明了股票市场的发展促进了经济的增长，他们认为大规模、成熟稳定的股票市场有利于降低交易费用和信息的收集成本，从而促进资本的合理配置，加快经济增长。

（五）公共选择理论、新制度经济学视角的金融效率研究

美国经济学家詹姆斯·布坎南创建的公共选择理论[①]认为，人们必须破除凡是国家政府都会全心全意为公众利益服务的理念。政府是由个人选出的，也是由个人组成的。因此，选举规则和个人的多元化目标是决定政府行为的重要因素，在任何不合理的选举规则下产生的政府以及政府官员为满足不合理的个人追求而采取的行动，都将把经济运行引入恶化的境地。

从理论结构看，“交易费用”是西方新制度经济学的核心范畴[②]。所谓交易费用，就是获得准确的市场信息所需要付出的费用，以及谈判经常性契约费用，也就是经济制度运行的费用，由交易费用概念导出的“科

① James，Buchanan. The Theory of Publis Choice［M］. Ann Arbor，The University of Michigan Press，1972.

② ［美］弗鲁博顿（Furubotn，E. G.），［德］芮切特（Richter，R.）. 新制度经济学：一个交易费用分析范式［M］. 姜建强等译. 上海：上海人民出版社，2006.

斯第二定律”指出，在存在交易费用的情况下，不同的权利界定，会带来不同的有效性的资源配置，在新制度经济学家看来，由于经济政治环境的复杂性，人对环境的计算能力和认识能力的有限性，人的理性是有限的；在现实世界中，信息具有不完全性、不对称性的特征；人具有机会主义的行为倾向，即人总是关注自我利益的考虑和追求的。因此，制度作为一种稀缺性资源，能够对上述行为特征进行影响；也就是说，制度作为一种重要变量能够改变人们为其偏好所付出的代价，改变财富与非财富价值之间的权衡，从而影响到微观主体的经济行为和宏观经济运行状况。

二、国内相关研究述评

（一）关于资本市场功能的研究

20 世纪 90 年代以后，随着我国资本市场的逐步发展，关于资本市场功能的探讨文献日益增多。1992 年《国务院关于进一步加强证券市场宏观管理的通知》中明确，证券市场的建立和发展，对于筹集资金、优化资源配置、调整产业结构、转化企业经营机制、促进社会主义市场经济发展有积极的作用。由此可知，我国资本市场的功能主要是筹集资金，优化资源配置，调整产业结构，转化企业机制，促进经济增长。原证监会主席周小川（2002）认为，资本市场有三种功能：融通资金功能、风险搭配功能、价格发现功能。原证监会主席尚福林（2003）认为，资本市场具有筹集资金、优化资源配置、为投资者提供增加财富的机会、促进提高企业经营水平、创造就业机会等基本功能。同时指出，资本市场的功能是综合性的，必须注重资本市场功能的全面发挥。2004 年 2 月 1 日，国务院发布《关于推进资本市场改革开放和稳定发展的若干意见》，《意见》指出，资本市场的作用是“促进资本形成、优化资源配置、推动经济结构调整、完善公司治理结构等”。与此同时，我国学者和市场人士对资本市场及其结构中的股票市场的功能提出了很多观点，代表性的观点主要有：胡继之（1999）认为，中国股票市场有三种功能：①筹集资金功能；②资源配置功能，包括增量配置功能和存量配置功能；③社会功能，主要有市场启蒙功能、社会凝聚功能、自我价值实现功能、职业示范功能等。郝继伦博士认为，股票市场具有四种功能，即融资功能、监控功能、流动性功能、优化资源配置功能，核心功能是优化资源配置功能。郑静（2001）认为股票市场有五种功能：储蓄转化投资功能、优化资源配置功能、促进技术进步功能、推动企业制度创新功能、收入分配功能。刘纪鹏（2002）认为，资本市场有四个基本功能：资源优化配置功能、“晴雨表”功能、价值发现功能、财富增值功能。曹凤岐（2003）认为，资本市场除了以上功能之外，还有产业结构调整功能、资本资产定价功能、地区经济社会发展水平的展示功能、地区知名度的宣传功能。刘义圣（2005）认为，资本市场的宏观调控功能是：资本市场是反经济周期的“避震器”，是通货膨胀的“减压器”，是通货紧缩的“舒张器”，是金融风险的“分化器”以及产业结构的“调节器”。张思婕、侯艳婷（2009）论证多层次资本市场的功能，发现完整的资本市场可以起到多种功能，其中包括满足不同性质类型企业的融资需求、满足不同投资者的需求以及对市场进行分层的功能。卓俊（2011）认为资本市场主要发挥着四个方面的基本功能：储蓄转化为投资；优化资源配置；改进企业经营机制；分散风险等。按照资本市场在整个金融体系中的地位和作用，资本市场上述功能可以划分为两类：一类是资本市场外部功能，包括投融资功能、资本定价和资源配置功能以及风险分担与管理功能；另一类则侧重于资本市场运行方面的内部功能，主要指公司治理功能，“资本市场的主要功能在于促进资本形成和社会资源的配置”。资本市场结构的总体是否均衡以及构成资本市场的股票市场、债券市场等市场自身结构是否均衡，不仅是制约自身发展的主要因素，也直接影响着资本市场在融资和资金配置方面的效率水平。韦明升（2011）对广西资本市场功能进行探讨，发现筹资功能是资本市场的首要功能，价格发现功能是基本功能，另外资本市场还有资源配置的功能。张鼎（2013）认为我国资本市场功能存在缺陷，表现为以下几个方面：我国主板市场定位于融资市场，而不是投资，从而主板市场定位不当；中小板市场边界模糊；创业板市场亟待完善；新三板任重而道远，一方面缺乏流动性，另一方面新三板融资渠道单一；区域产权市场功能削弱；市场“转板”制度缺失。朱建明、李贵强（2014）认为我国资本市场的功能主要表现为融资功能，而定价与资源配置功能、投资与风险管理功能不是很明显，这主要是由于政府对资本市场管理过度、资本市场文化约束不足、个人投资者对投资认识不足以及市场中介不发达造成的。

（二）关于资本市场功能绩效的研究

针对资本市场的功能绩效，国内学者的研究是从 20 世纪 90 年代中期开始的。具体主要从以下几个方面进行：一是从金融效率与经济增长的关系着手。王广谦（1996）分析了金融效率以及金融体系在中国经济增长中的贡献度，谈儒勇（1999）利用1993~1998年的有关中国金融发展与经济增长的季度数据进行实证研究，得出的结论是我国股票市场对经济增长的作用是相当有限的。王振山（1999）则将金融效率与实体经济的效率进行了对比。孙小素（2000）利用新古典经济增长模型测算了我国1985年后资本市场对经济增长的贡献率，认为我国资本市场对经济增长的贡献微乎其微，其每增长1%仅带来经济增长0.014个百分点。郑江淮、袁国良（2000）认为股票市场的发展与储蓄之间显著的正相关关系表明存在股票市场对经济增长的作用机制，随着股票市场规模的逐步扩大，股票市场吸引的储蓄越来越多，其对经济增长的作用效果将不断显现，贡献程度逐步提高。韩廷春、夏金霞（2001）运用中国1981~2002年的时间序列数据对中国金融发展与经济增长之间的关系进行了Granger因果检验。分析结果显示，在所分析的整个时间区间内，中国的金融发展与经济增长之间存在着显著的正相关关系。但这种关系必须依赖于一定发展程度的金融体系才能明显地体现出来。二是围绕金融体系市场化程度相对较高的资本市场效率，借用证券市场有效性假说，会计实证理论等对股票市场的有效性进行实证，或用事件研究方法检验会计信息的有效性进行实证分析。赵宇龙（1998）、陆建桥（1999）、徐宗宇（2000）等，从会计信息管理角度，从会计信息在证券市场的有效性也进行了大量的实证研究。刘志新、贾福清（2001）较系统地介绍了市场有效性研究进展，并采用了重标级差模型R/S分析和乘积过程模型对收益率序列进行随机游走检验。但以上研究大都是围绕证券市场进行线性或非线性分析，单纯研究股票市场的信息有效性和股票市场效率二者的差异，提出用“效率吸纳有效论”。赵北亭、于鸿君（2001）在对新古典增长模型和A-K模型进行修正的基础上，建立了资本市场规模、结构、效率经济增长的关系模型，并运用我国资本市场和经济增长的历史数据，进行实证分析，最终认为对经济增长的贡献主要来自中长期贷款和制度的变迁，国债市场和股票市场还没有在经济增长中发挥应有的作用，也就是说还要大力发展股票市场和国债市场，且股票市场对经济增长的贡献要大于国债市场。曹红辉（2002）采用线性分析和分形分析方法，对股票市场的线性随机游走和非线性游走予以检验，通过国有股减持政策在股票市场中的过度反应进行实证检验，提出企业经营绩效并未成为资本市场配置资源的依据，因而资本市场配置效率存在偏差的结论。银国宏（2005）采用直接路径和间接路径的分析框架对中国资本市场与产业绩效关系进行了研究。孔淑红（2006）从无套利均衡实现的观点出发，运用市场效率理论和计量实证方法对中国证券市场进行了理论和实证研究。曹凤岐（2003）从宏观、结构、管理和国际化等多个方面对我国资本市场的发展战略进行了较为系统的研究，认为“我国资本市场体系还很不完善、资本市场结构还很不合理，应进一步发展债券市场、投资基金市场等”。胡援成（2006）根据风险与收益、权益收益率与投资收益率的相互关系对最优资本结构进行了研究。郭振海（2007）利用内生经济增长模型对西安地区 1991～2005 年的相关数据进行实证分析，结果显示，西安地区资本市场规模和经济增长之间存在正相关关系，资本市场的发展促进了西安经济增长，但目前仍存在储蓄向投资转化渠道不畅、资金的使用效率不高、资本的边际产出水平低下等诸多问题。王林生、张兵（2008）在总结改革开放以来我国投资基金发展历史的基础上，分析了我国投资基金发展与宏观经济增长及市场规模的相互关系，并对我国投资基金发展规模进行了实证研究，结果表明，目前我国投资基金无法起稳定市场的作用。周钟山（2009）从我国证券品种结构比例等方面的失调和不合理角度定性地研究了我国资本市场结构优化的对策。徐潮进（2012）在股权分置改革的背景下，通过检验上市公司折旧选择和盈余反应系数之间的相关关系，对我国资本市场效率进行检验。结果表明，我国资本市场存在功能锁定现象，我国股权分置改革促进了资本市场的完善，有利于资本市场功能的实现。刘晓林（2013）对我国资本市场的有效性进行检验，结果表明，经过 20 多年的发展和完善我国资本市场已经达到弱有效市场，我国证券市场慢慢趋于成熟，资本市场功能慢慢得到发挥，投资者趋于理性，资源配置作用也得到较好的发挥；但是我国还没达到半强式有效市场的地步。仲崇文（2014）基于我国股票市场与实体经济发展水平的相关季度数据，运用误差修正模型的长短期因果关系检验发现，长期中，股票市场与实体经济相互促进；短期中，股票市场在一定程度上体现了经济发展的“晴雨表”功能，但是股票市场作为一种虚拟经济的代表，它的波动并没有受经济波动冲击的显著影响。总之，2001 年年初以来，国内经济学界对资本市场的性质与发展现状展开了激烈的争论。其核心实质上是中国资本市场是否具有基本的资源配置效率，即资本市场与实体经济是否存在相关性、协调性和稳定性的问题。

第三节 研究的范畴、思路、方法和内容结构

一、研究基本范畴的界定

关于资本市场的范围界定，目前在理论界和实务界并不统一。有人认为资本市场就是证券市场，有人认为中国的资本市场包括企业产权市场。按照货币金融学的定义，一年以下的融资市场为货币市场，一年以上的融资市场为资本市场。据此，本书认同超过一年以上的融资和投资活动都属于资本市场范畴。资本市场总的来说，是指长期融投资市场，本质上是投资市场、是资本运营的市场。它不仅包括证券市场，而且包括企业产权市场；不仅包括权益市场，而且包括长期债权市场（银行中长期信贷和债券市场）；不仅包括现货市场，而且包括期货市场。

资本市场结构，根据产业结构理论，本项目组将其界定为资本市场中各子市场之间的联系和数量规模比例关系。具体包括两个方面：一是研究资本市场各子市场之间的市场规模比例关系及其变化；二是研究资本市场及其各子市场之间的市场规模与产出的关系。

鉴于股票市场、债券市场和基金市场在我国资本市场中的地位和影响程度，本书拟从宏观层面分析其各自的功能入手，实证分析其对资源配置和促进经济社会发展的绩效，采用与资本市场较发达和完善的发达国家进行比较，找出存在的不足，在此基础上探讨完善和发展我国资本市场结构的战略。

二、本书研究的思路及方法

（一）研究基本思路

资本市场已成为现代市场经济体系的重要组成部分，这是不争事实。我国资本市场是一个新兴的市场，“新兴加转轨”的特征决定了资本市场结构与功能是否相匹配的复杂性和艰巨性。本书拟利用现代资本市场理论、金融工程理论、经济计量理论与方法，从市场经济条件下资本市场的结构功能分析入手，采集我国资本市场结构规模及其功能绩效的相关数

据，利用构建的评价指标体系对资本市场结构与其功能绩效进行实证计量分析，通过实证计量分析结果比较，剖析我国资本市场结构与其功能是否匹配及其影响因素，借鉴国际成熟资本市场运作的经验，在此基础上探讨我国资本市场结构的优化模式和对策。

（二）研究方法

1. 理论与实践相结合

借鉴现有成熟的资本市场结构理论，结合我国资本市场结构的特点和发展现状，构建我国资本市场结构与其功能相匹配的评价体系。

2. 规范分析与实证分析相结合

其一，规范分析：运用成熟的资本市场理论和资本市场运作实践经验对我国资本市场结构、功能目标进行规范性界定。

其二，实证分析：

（1）运用新古典经济增长模型等分析债券市场对社会总供给、经济增长的效应；运用消费函数理论分析债券对社会总需求的效应；运用金融理论分析债券对货币供给量、利率水平和价格水平的影响等。

（2）运用最小二乘法，对股票市场规模——Capitalization（季度的平均股票市价总值与季度 GDP 的比率）和经济环比增长率 GY（季度 GDP 环比增长率）总体相关关系进行线性回归分析。

（3）截取投资基金行业的时间序列面板数据，以投资基金累计净值增长率作为投资基金业绩衡量指标，将其与债券、股票等资本市场的指数收益率进行横向比较来考察投资基金市场的总体绩效；运用詹森指数和 Treynor 与 Mazuy1996 年提出的 T－M 模型进一步分析投资基金风险调整后的绩效和基金规模与投资能力的关系。

（4）以股票市场规模（K_{1t}）、债券市场规模（K_{2t}）和投资基金市场规模（K_{3t}）作为资本投入量与国内生产总值（GDP），运用柯布—道格拉斯生产函数 $Q = AK_{it}^{\alpha}L_{it}^{\beta}$ 模型进行回归分析，以此对我国资本市场各子市场绩效权重进行比较分析。

3. 采用比较分析方法

借鉴国际上比较成熟的资本市场结构实践经验，针对上述实证分析得出的资本市场结构与其功能绩效不匹配的现象，从新古典经济学、社会学和制度经济学视角剖析资本市场功能绩效的影响因素，探讨我国资本市场结构的完善和优化。

三、本书研究的内容结构

本书拟从市场经济条件下资本市场结构的功能分析入手，界定考察我国资本市场结构及其功能绩效的指标，运用线性回归分析、T－M、柯布—道格拉斯生产函数型模型（$Q = AK_{it}^{\alpha}L_{it}^{\beta}$）、AK模型等相关经济计量模型对其功能绩效进行实证分析。在此基础上，探讨影响我国资本市场结构和功能绩效的因素，提出优化我国资本市场结构的模式和策略。主要内容如下：

（1）对我国资本市场发展现状进行总体分析，主要包括：①我国资本市场结构的发展现状；②我国资本市场结构的功能变迁和定位；③我国资本市场的结构与功能匹配性。

（2）对我国资本市场结构的功能绩效评价指标体系构建，主要包括：①我国资本市场的总体功能绩效评价指标分析和界定；②我国股票市场的功能绩效的评价指标分析和界定；③我国债券市场的功能绩效评价指标分析和界定；④我国投资基金市场的功能绩效评价指标分析和界定。

（3）对我国资本市场结构的功能绩效实证分析，主要包括：①我国资本市场的总体绩效实证分析；②股票市场的功能绩效实证分析；③债券市场的功能绩效实证分析；④投资基金市场的功能绩效实证分析；⑤我国资本市场总体绩效与其子市场绩效的比较分析。

（4）对影响我国资本市场结构的功能绩效因素的分析，主要包括：①影响我国资本市场绩效的总体性因素分析；②股票市场功能绩效波动的成因分析；③债券市场功能绩效的影响因素分析；④投资基金市场功能绩效的影响因素分析。

（5）对我国资本市场结构的优化设计，主要包括：①国际成熟资本市场的结构现状及特点；②我国资本市场的功能目标；③我国资本市场结构及其功能目标的考核指标体系；④我国资本市场结构的模式设计；⑤我国资本市场结构及其绩效的监管。

第四节　研究的困难及创新之处

一、本书研究的重点和难点

本书研究的重点是：①从资本市场结构来说，重点研究资本市场中的股票市场、债券市场和投资基金市场；②从评价手段来说，重点研究选择资本市场结构中各子市场可以类比的绩效衡量指标；③从研究内容来说，重点是通过对各主要子市场的功能绩效的实证分析剖析其结构和功能绩效是否匹配；④从研究的目的来说，重点是根据资本市场的功能，运用优化结构理论，借鉴资本市场发达国家经验，结合我国国情，对我国资本市场结构优化提出建议。

本书研究的难点是：①资本市场结构的功能绩效评价指标选择；②资本市场结构的功能绩效实证分析时的相关数据获取和收集；③资本市场功能绩效影响因素分析；④资本市场结构规模及比例的量化设计。

二、本书的基本观点及创新之处

本书研究基本观点主要有以下三种：①我国资本市场的功能着重点要从传统的“融资功能”向“投资功能”或“资源配置功能”过渡和转变；②存在我国资本市场规模效率边界和最优规模结构；③依据我国资本市场的功能目标要求，完善我国资本市场运行的制度安排和加强资本市场结构各主体运作的监管，是保障我国资本市场功能绩效得到充分发挥的关键因素。

本书创新之处主要有以下三点：①运用计量模型系统地分析我国资本市场结构的功能绩效；②甄选综合评价我国资本市场功能绩效的评价指标和模型对我国资本市场结构是否科学合理进行比较分析；③运用相关结构优化理论和实践对我国资本市场结构进行优化探讨。

第二章　我国资本市场功能及结构发展现状的总体分析

经过20多年的发展，我国资本市场为我国经济发展和企业的规模扩张募集了大量资金，拓展了社会资金转化为投资的渠道，提高了直接融资比例，优化了企业资本结构，为我国国企改革做出了巨大贡献。但毋庸讳言，我国资本市场在优化资源配置和促进经济增长等功能方面还不够完善。

第一节　资本市场功能的总体理论分析

关于资本市场的功能，长期以来理论界存在不同的观点。马克思认为资本市场是资本主义经济发展的必然结果，资本市场的产生又加快了资本的集聚和集中，从而加快了生产社会化的发展。国外关于资本市场功能的研究争论主要集中在资本市场能否促进经济增长上，国内的观点则有所不同。

一、马克思关于资本市场功能的论述

在论述资本市场作用时，马克思指出：随着生产社会化程度的提高，生产规模的扩大，需要与之对应的巨额资本为之服务，而股份制使大规模资本集聚成为可能。“假如必须等待积累去使某些单个资本增长到能够修铁路的程度，那么恐怕直到今天世界上还没有铁路。但是，集中通过股份公司转瞬之间就把这件事完成了”。德国的交易所正把完全闲置的和半闲

置的资本动员起来，迅速集中到少数人手中，通过这种办法“提供给工业支配的这些资本，导致了工业的振兴——市侩的德国终于开始变成一个现代国家”。股票只是取得未来收益的一种凭证，是一种虚拟资本，“它们只代表取得收益的一种权利”，但是这种权利是可以在流通中交易的，“它们每天都可以易手……铁路本身虽不能输出，所有权证书却是可以输出的”。

马克思对股份制与有关资本的论述对我们理解资本市场与经济发展的关系有重要的启示意义。资本市场的融资功能和流动性决定了资本市场与社会资本形成及社会经济发展之间具有内在的逻辑联系。

第一，资本市场促进资本的形成。在马克思所处的时代，资本市场主要以股票市场的形式存在着，虽然股票市场还处于发展初期，市场功能还不完善，但马克思认为，股票市场导致了资本的集中，为工业的发展提供了必要的积累，是“像蒸汽机那样的革命因素”。股份制不仅为大规模生产积累了巨额资本，成为“发展现代生产力的强大杠杆”，而且促进了产业的发展。因此，资本市场对提高资本积累水平的特殊意义，就在于它不仅是小资本集聚为大资本的手段，而且是现代企业制度建立的基础，是企业大规模生产和产业规模扩大的前提。

第二，资本积累促进经济增长。马克思在论证资本市场对经济增长的作用时，是从资本市场的资本积累功能这个角度来讲的。资本积累是生产规模扩大的基础，“每一个资本都是生产资料或大或小的积累”，资本的积累扩大了“大规模生产和特殊的资本主义的生产方式的基础”。可见，资本积累为生产规模的扩大提供了基础。经济增长在一定程度上是生产规模扩大的结果，它通常表现为产业规模的扩大和产业结构的优化。无论是规模扩大还是结构优化都需要以生产要素供给的增加为前提，而生产要素供给的增加，是与资本积累相伴生的，资本或货币作为每一个新开办的企业的第一推动力和持续推动力。

马克思就资本市场与经济发展的分析表明生产发展与资本市场存在一种正向的关系，资本市场最基本的作用是推动经济增长。经济发展的水平和速度在很大程度上是由积累水平决定的。在市场经济中，积累是由金融中介实现的，金融的作用不仅在于能有效地将国民收入转化为投资，而且能增强社会资金的流动性，提高资金的运行效率。资金流动性加强，无疑能以较少的资金发挥较多资金的作用，创造更多的积累。以金融作为积累手段，可以充分发挥市场选择的优势，将有限的资金流向最有效率的投资项目，提高资金的积累效应。

二、西方学者对资本市场的功能研究

西方发达国家对资本市场功能的研究集中在资本市场在优化资源配置基础上对经济增长的作用方面。主流观点认为，资本市场通过信息的收集以及价格的变动机制来体现对企业经营活动的评估，因而其具有通过流动性分散风险、募集资金以及合理地使用资源的运行机制，进而推动经济增长的功能。

在20世纪70年代对资本市场的功能研究是从资本市场与经济增长的关系方面进行的。首先研究金融发展与经济增长是从Gold Smiths、Edward S. Shaw和Ronald I. McKinnon开始的。Gold Smiths（1969）在《金融结构与金融发展》中提出了以金融相关比率来考察金融结构与金融发展之间的关系，其中讨论了金融发展与经济增长之间的关系。Shaw和McKinnon（1973）分别在《经济发展中的金融深化》和《经济发展中的货币与资本》两著作中对金融深化与经济发展的影响进行了研究，并证实了金融自由化可以促进经济发展的观点。此后，越来越多的经济学家开始研究金融市场与经济发展的关系，其中在资本市场与经济发展方面的研究较多。一些文献认为，资本市场可以通过收购与兼并来促进专业化（Diamond，1984；Greenwood Jovanovic，1990；Willmson，1986），也可以减少储蓄流动的成本和提供更多的投资便利。Cruley和Shaw（1955）认为金融结构与实际经济增长之间存在相关关系，金融中介的信用特征影响资源配置和经济增长。Patrick（1996）认为金融市场对资源配置和资本存量的影响表现在以下几个方面：第一，资本市场促进资本所有权结构发生变化，因而提高了存量资本的配置效率；第二，资本市场使新投入资本从效率低的企业或产业向效率高的企业或产业流动，提高了增量资本的配置效率；第三，金融市场的财富效应和投资效应可以加快资本积累速度，推动经济增长。帕加罗（Pagano，1993）认为股票市场可以改变资本投入量和资本投入效率来促进经济增长，其途径是：第一，资本市场提高储蓄转化为实际投资的水平而推动经济增长；第二，由于资本市场具有收集信息、促进创新、分散风险的特征，从而改变资本的边际效率，进而使生产效率得以提高；第三，资本市场还可以通过财富效应提高私人储蓄率、增加资本存量，进而促进经济增长。

阿替勒和约凡诺维克（Atie 和 Jovanovie，1993）在对 40 个国家的人均 GDP 与股票市场运行状况进行回归分析后，发现经济增长与资本市场的发展有明显的正相关关系。肯特和列文（Kunt 和 Levine，1996）认为资本市场可以通过以下途径促进经济增长：第一，资本市场通过流动性降低了交易成本、减少了投资风险，使投资者增加了投资意愿，保证了优质企业投资需求，提高了资本使用效率；第二，资本市场促进社会储蓄向有发展潜力的项目和优质企业流动，改善了资本配置结构；第三，投资者可以从股票市场获得企业的经营信息，有利于促进企业管理水平的提高。博伊德和史密斯（Boyd 和 Smith，1998）建立的模型发现，金融系统市场化会预示更快的经济增长，他们还认为股票市场对经济增长的作用与经济发展水平相关，经济发展水平较低国家的股票市场融资水平明显低于经济发展水平高的国家。Bencivenga（1995）建立的模型研究了金融市场如何降低投资新技术的成本从而促进经济增长的机制。还有一些学者在资本市场所具有的流动性、信息的传播和对企业的约束等特征的基础上分析了它们的功能。Hicks（1969）认为流动性是指当事人能够在某种价格条件下自由并及时地转换资产，流动性风险来源于选择什么合适的渠道和方法以减少资产转换的不确定性。不对称信息和交易成本增加了流动性风险，同时也创造了对金融市场的需求，能降低流动性风险的金融市场催生了英国工业革命。这是因为，许多新兴的技术都需要大量的资本投入，而人们又偏好在需要的时刻能够及时收回投资。因此，金融市场提供了自由转换资产的场所。同时，又把分散的积蓄集聚起来投入长期投资项目。Levine（1991）发现，在资本市场上，受到外部冲击的人们能够迅速地卖出他们的股票，而企业本身并不受影响。所以，资本市场降低了投资者的流动性风险，同时并不影响高回报项目的投资。如果这些高回报项目有很强的产出能力，则会大大加快经济增长。高收益投资形成对资本的长期需求，而资本所有者不愿失去其对储蓄的控制权，两者之间存在矛盾。股票市场能够使投资者获得一种资产（即股权），并且在需要时能够迅速调整其资产组合，使投资者承担的风险变小，公司则通过发行股权获得永久的资本融资，同时股票市场也可以降低转移储蓄的成本。因此，股票市场发展能够便利期限更长、收益更高的投资，改善资本配置，推进长期经济增长。

此外，资本市场能够通过分散风险，改变资源配置来促进经济增长。

Saint－Paul（1992）把资本市场的分散风险功能与经济增长联系起来。在其模型中，生产率的提高必须通过劳动分工程度的提高来实现，而劳动分工程度的提高意味着专业化程度较高的资源被投入到风险较高的项目中去。资本市场的作用在于影响技术选择：在资本市场缺乏或很不发达的情况下，人们会选择生产性很差但灵活性强的技术，灵活性强意味着专业化程度低；而在资本市场发达的情况下，由于可以在资本市场上通过证券组合来分散风险，人们会选择更具生产性、专业化程度也更高的技术，促进生产率的提高。King 和 Levine（1993）认为当事人一直努力创新、寻求技术的变革来获得超额利润，由于通过资产组合能够降低创新所带来的风险，所以，金融市场为当事人参与创新和技术变革提供了分散风险的保证，从而增加了社会的技术变革和创新的热情，促进了经济增长。

Grossman、Stiglitz、Holmstrom、Tirol、Kyle 等一些学者从资本市场对信息获取与传播的影响来分析其功能。Grossman 等认为当资本市场规模越来越大、流动性越来越强时，市场的参与者越有动力去获取关于企业的信息（Grossman 和 Stiglitz，1980；Holmstrom 和 Tirole，1993）。Kyle（1984）指出，在一个大的、更具流动性的市场上，股份转让按牌价进行交易，那些已获取企业信息的投资者，能够在信息广泛传递及价格发生变化之前，按照现行价格进行交易以赚得收益，这将鼓励投资者加大对公司经营的研究和监督。因此，资本市场发展会改善对公司信息的收取。Merton（1987）认为，这种集聚了企业大量信息的市场有助于资源的配置，从而促进了经济增长。

Manne、Diamond、Thakor 等一些学者在分析资本市场监控功能的基础上，论证了资本市场对经济的推动作用。Manne（1965）认为，一个积极监控企业的资本市场有利于资本的有效配置。它允许有能力的管理团队在较短时间内便控制了大量的资源，而表现差的经理会被能力强的人所替代。监控企业的市场提供了一种机制，即企业一旦不能为最大化股东的利益服务，经理将被无情地抛弃。同时，股东可以通过财务安排驱使经理按照股东利益最大化的目标经营。股东可以通过股票市场将经理的管理补偿同股票价格联系起来，这有助于统一经理和股东的利益。

有的学者认为资本市场并非具有资源配置、推动经济增长的功能。哈里斯（Richard Harris，1997）研究发现资本市场对发达国家和发展中国家的作用显著不同，发达国家资本市场的资源配置功能高于发展中国家，欠发达国家的资本市场对投资和经济增长都没有明显影响。著名经济学家斯蒂格利茨（Joseph Stiglitz）则认为由于资本市场的流动性和投机性，强化了投资者的短期行为，降低了投资者监督企业的积极性；同时，由于信息不对称，证券价格不能反映真实价值，增加了优质企业的融资成本，不利于资源配置。因此，资本市场不仅不能优化资源配置、促进经济增长，反而会妨碍经济增长。Popov（1999）观察经济转轨国家时发现即使那些私有化方案有利于资本市场发展的国家，产生的新兴金融系统也倾向于形成德日模式（银行主导而不是市场主导）。Choe 和 Moosa（1999）从居民资产角度以韩国为样本研究了金融市场与经济增长的关系，得出在韩国的经济发展过程中，银行比资本市场对经济发展起到更大的作用。Singh（1997）认为，对发展中国家而言，资本市场的公司控制权制度是个沉重的负担，因为资本市场价格的不断变动，实际上鼓励了投机行为而不是长期投资。Demirgtig - Kunt 和 Maksimovic（1998）证明在发展中国家，发达的资本市场带来的却是更多的银行融资。

三、国内关于资本市场的功能研究

20 世纪 90 年代以来，我国实务界和理论界对资本市场的功能进行了大量的探讨。除前述部分专业人士对以股票市场为代表的资本市场功能进行分析之外，还有很多学者从其他视角进行了研究。徐艳（2003）认为，资本市场的功能效率就是充分提高金融资产在不贬值的情况下及时变现的能力。陈东成（1999）认为，资本市场功能效率一般指的是资本市场调节和分配资金的效率。并将资本市场效率分为三类：一是资本市场的内部运作效率；二是资本市场的外部资金配置效率；三是由内部运作效率导向外部效率的“指示器”，即价格效率。谢瑞（2002）认为，提高资本市场效率，疏通、改善资本市场对经济增长的作用机制，关键在于消除“资本市场抑制”，进行“资本市场深化”。这里的“资本市场深化”是指在经济发展和金融深化的条件下，资本市场规模的不断扩大、结构的不断延伸及由此而产生的资本市场机制的增强、功能的完善和效率的提高。王军（2002）揭示了资本市场影响经济增长的三大机制：储蓄转化为投资的机制、投资带动生产增长的机制、改变储蓄率的机制。王兰军（2003）认为资本市场的功能可以分为基础性功能和综合性功能两部分。基础性功能主要有：提供直接融资渠道和途径，促进社会储蓄向投资转化；提供流动性，分散投融资风险；风险资产定价功能；促进企业产权重新组合功能；积累财富的功能。综合性的功能主要有：促进增量经济结构的优化调整，实现增量资源的优化配置；监控和筛选企业家，提高资源配置效率，促进存量资本优化重组，实现存量资源优化配置的功能；反映宏观经济运行状况的国民经济“晴雨表”功能；促进企业转换经营机制，建立现代企业制度的功能。概括起来，资本市场的功能具有如下几个方面：第一，优化资源配置以及促进经济增长的功能。资本市场是投资者追求经济利益的场所，它将社会资金集中到优秀企业和有发展潜力的企业，从而提高了社会资源的利用效率。其运行机理是在信息充分的条件下，投资者能甄别经营水平不同的企业，优秀的企业，由于经营业绩好，投资回报高，就会受到投资者的青睐，并能够吸收足够的社会资金；而业绩差、经营不善的企业就会被市场所淘汰，或者被其他企业所收购，从而将有限资源集中到优秀的企业。这就是资本市场微观上的优化资源配置功能。就宏观而言，一方面，单个企业经营绩效的提高，有利于促进整体经济的增长；另一方面，资本市场在选择企业的同时，也会引导社会资本向有发展潜力的朝阳产业集中，从而推动了产业结构的优化和升级，促进了经济增长。第二，价值发现功能。资本市场是上市公司信息的发布、收集和传播的渠道之一。投资者通过资本市场及时了解企业的财务状况及经营信息，判断分析企业的未来发展趋势，上市公司的经营水平和发展状况也就通过证券价格的变化反映出来。第三，“晴雨表”功能。一般来说，资本市场中的证券市场波动先于经济运行周期：当经济从低谷开始复苏时，人们被压抑的需求开始释放，企业增加投资计划，投资者的预期好转，证券价格上涨，证券市场开始活跃；但当实体经济过热，“投资乘数”以及“加速原理”扩大到一定程度时，人们的预期又发生作用，在实体经济还没有明显收缩时，证券价格就开始下跌，证券市场开始萎缩。第四，筹集资金功能。资本市场通过向社会公开发行债券、股票和基金等，为企业扩张筹集所需的资金，以实现企业的规模经营，资本市场这种以直接融资的方式为企业筹集资金具有无法比拟的优越性，它不仅满足了企业大规模的资金需求，同时也加速了资本的集聚和集中，推动了社会大生产的发展。第五，分散风险功能。资本市场具有很强的流动性，使投资者能够迅速地实现资产转换，从而降低和分散风险的作用。Hicks（1996）认为金融市场为投资者提供了资产转换的场所，同时又把分散的储蓄集中起来投入长期投资项目，这种机制

促进了技术的创新。Levine（1991）发现，在证券市场中，受到外部冲击的投资者卖出股票，但并不会使企业受到影响。这就是资本市场的降低和分散风险的功能。第六，外部治理功能。资本市场的信息收集传播以及证券价格的变化对上市公司经营者形成外部约束，从而有助于改善公司治理结构。上市公司的经营好坏直接通过证券价格反映出来。经营不善的企业，其证券价格下跌，可能导致收购、兼并或重组的行为产生。同时，资本市场还会通过社会公众及媒体舆论对上市公司经营起到监督作用，使企业经营者偏离股东目标的行为受到约束。

总之，尽管关于资本市场功能的观点各不相同，但主流的观点认为由于资本市场的投资者理性投资使证券价格能够正确评估企业的经营水平并与宏观经济运行相协调，因而资本市场的运行机理是企业的经营发展状况和实体经济运行周期的反映，在微观上具有以价值发现为基础的优化资源配置、宏观上具有提高资源利用效率、推动经济增长的作用。所以资本市场的基本功能可以表述为基础的价值发现、反映实体经济运行、分散风险、公司治理、优化资源配置、进而推动经济增长。在此，优化资源配置、促进经济增长是资本市场的本质和基本功能；价值发现、筹集资金、分散风险既是这一功能的实现方式，也是其外在表现；而反映实体经济运行则是资本市场运行的内在机理。

尽管研究者对资本市场的功能作用有不同的观点，但都是假设市场制度是完善的，即在既定制度的基础上来研究资本市场功能，而不关心资本市场运行的环境。而资本市场能否发挥作用，一方面取决于市场微观结构所决定的证券价格形成机制；另一方面则取决于市场微观结构的制度环境，在没有市场制度作支撑的情况下，证券价格的形成机制是不完善的。实际上，经济转型国家，包括我国的资本市场面临的都是资本市场运行的制度环境问题。这就能够解释同样的资本市场，为什么在发达国家能够有效运行，可在发展中国家却存在功能障碍。

第二节 我国资本市场功能发展现状及存在不足的总体分析

1978年12月党的十一届三中全会提出以经济建设为中心，把改革开放作为我国的基本国策，启动了中国经济从计划体制向市场体制的转型，推动了中国资本市场的萌芽和发展。在过去的30多年间，中国资本市场从无到有，从小到大，从弱到强，从区域到全国，采用“政府自上而下推动”与“市场自我演进”相结合的市场化改革方式，按照“先债券后股票，先二级后一级，基金跟进”的市场初建顺序，规模不断壮大，投资产品不断丰富，制度不断完善，监管体系不断健全，站在了中国经济改革和发展的前沿，推动了中国经济体制和社会资源配置方式的变革，实现了中国资本市场的腾飞。

一、我国资本市场功能发展现状

我国资本市场在20多年的时间里走完了西方国家200多年的历程，取得了举世瞩目的成就，为我国经济发展和社会进步做出了巨大贡献。

（1）我国资本市场为国有企业发展募集了大量的资金。经济增长理论认为，企业的发展与经济增长必须要有资本的支持，资本的形成是企业发展的初始推动力。因此，资本的形成及投资是经济增长的基本要素。我国资本市场在国有企业资本形成过程中起着巨大的作用。为我国国有企业募集资金、形成资本积累是我国资本市场形成的初始动力，也是我国资本市场最基本的功能。我国企业股票、债券的发行源于20世纪80年代地方中小企业，尤其是地方国有企业的融资困境。由于中国财政体制和银行体制的改革，原来依靠财政拨款和银行贷款获得资金的地方国有企业失去了必备的资金来源，在融资结构发生了重大变化的条件下，由以财政拨款和银行贷款为主的融资模式转变为间接融资和直接融资并重的融资结构。因此，为了获得企业经营资金，资本市场自然就成为财政与银行的替代物。全国统一资本市场形成后，证券发行基本承担了为国企募集资金的任务。

（2）我国资本市场推动了我国经济改革和国有企业改革。1978年党的十一届三中全会正式拉开了中国经济改革开放的序幕，中央集权式的企业管理模式已经不能适应改革的需要，国有企业改革在放权让利的方针指导下开始了扩大企业自主权的试点。1984 年放权让利的改革全面实施，实施的结果并不理想；接着承包制开始在全国推行，1987 年年底大约 80% 的国有大中型企业实行了承包制。但承包制改革未能触及企业的产权，企业改革仍不理想。为了深化经济改革、搞活国有企业，1986 年开始了“股份制试点”，与之相适应的资本市场就此诞生。企业通过资本市场发行股票与债券，实现了企业产权的多元化，有助于改变国有企业政企不分、公司治理机制不健全的局面；同时也有利于国有企业的产权约束机制的建立和国有资产管理体制的改革。因此股份制的推行、资本市场的形成为我国经济改革和搞活国有企业注入了新的活力。截至 2013 年年底，上市公司数量 2489 家。诸如工商银行、中国银行、建设银行、农业银行、中国石油、中国人寿、中国铁建、中国神华等大型国有企业都成功进行了股份制改造，成为我国证券市场的上市公司。

（3）我国资本市场强化了国有企业的自我约束，有利于国有企业改善经营绩效。资本市场以其特有的治理机制约束上市公司行为，保证股东的利益不受侵害。尽管我国资本市场的外部约束机制并不十分健全，但对上市公司也起到一定的约束作用。这首先表现在国有企业为了达到上市的目标，必须完善内部公司法人治理结构，改善经营管理，提高自身形象和经营绩效；同时资本市场的外部约束机制所具有的公众舆论和社会监督也促使国有上市公司自我约束，防范上市公司损害股东利益的机会主义行为。在《证券法》和《公司法》已颁布实施、国有企业的股份化改革全面铺开的情况下，资本市场不仅为我国经济发展和企业的规模扩张募集了大量资金，拓展了社会资金转化为投资的渠道，提高了直接融资比例，优化了企业资本结构，推动了我国银行体制和财政体制的改革，为我国经济增长和产业结构调整做出了应有贡献，而且为我国企业经营机制的转换、提高管理水平和经营绩效做出了很大贡献。

（4）我国资本市场促进了人们思想观念、行为方式的转变。我国尽管经历了 30 多年的改革开放，但市场经济理念并没有完全深入人心。长期以来，计划经济的思想观念和行为方式是制约着我国改革和发展的关键。资本市场的运行有利于人们更新观念、树立市场意识。因为资本市场是市场机制运行的经典之作，它同计划经济体制下的投资理念与投资行为形成鲜明的对照。在证券投资中，人们的投资意识开始觉醒，投资者开始关心企业治理和政府行为。这种思想观念和行为方式的转变不仅有利于投资者财富的增加，更有利于经济的发展和社会的进步。事实上，我国资本市场的投资者正以惊人的速度增加，截至2013年年底，期末股票账户数约13247.15万户，期末基金账户数为28773.46万户。证券投资已成为人们社会经济生活的重要组成部分，资本市场已成为促进改革开放、社会进步的重要手段。

（5）资本市场为我国投资者开辟了多元化投资渠道，为人们规避市场风险、寻找投资机会提供了金融工具。由于我国目前法律体系尚不完善，地方政府行为尚不规范，这在一定程度上增加了社会资本投资的不确定性和公众投资的风险性，同时也造成社会投资渠道不畅，尤其是对于拥有众多分散资金的中小投资者来说，直接进入实体经济经营面临的问题更多。资本市场以其相对透明的市场制度和相对公平的游戏规则与其他投资领域相比更受投资者，尤其是中小投资者的欢迎，因而资本市场也就为很多有投资意愿的投资者提供了更丰富的投资选择。事实上，在我国资本市场中，不乏通过证券投资完成资本原始积累、实现财富增长的投资者，1996年和2006年两次比较大的"牛市"行情，更为广大投资者提供了致富的机会。同时我国资本市场的规模也迅速扩大，截至2013年年底，上海和深圳证券交易所股票市值超过23万亿元，占我国GDP总量的40.66%，加上债券市场、基金市场的融资总额，资本市场融资总额近30万亿元，占GDP总量近70%。因此，资本市场不仅促进了我国财富的增加，同时在经济增长和社会发展方面也做出了一定的贡献。

此外，我国资本市场在促进金融改革、推动金融工具的创新、吸引国际投资、扩大对外开放、分流储蓄资金、增加社会收入等方面也起到了很大的作用。

二、资本市场法律法规的发展现状

邓小平南方谈话破除了思想和理论障碍，从此中国投资品种推陈出新，推动着我国资本市场快速发展。为完善中国资本市场的基础制度和运行机制，建立社会主义市场经济体制，一些国有企业率先进行了股份制改革，并在资本市场上发行，这是前所未有的重大创新，为资本市场其他各项改革和制度创新积累了经验、创造了条件。针对前一时期，资本市场处于一种自我演进，缺乏全国统一的法律法规及统一的监管，投资产品的发行混乱的局面，在 1992 年 10 月成立了国务院证券管理委员会和中国证券监督管理委员会（以下简称国务院证券委和中国证监会），这标志着中国资本市场开始逐步纳入全国统一监管框架，区域性试点由上海、深圳推广至全国，打开了资本市场进一步发展的空间。1997 年 11 月中国金融体系开始对银行业、证券业、保险业进行分业经营、分业管理。1998 年 4 月，随着国务院证券委的撤销，中国证监会成为全国证券期货市场的监管部门，建立了集中统一的证券期货市场监管体制。

在 1998 年 12 月证监会颁发了《证券法》，并于 1999 年 7 月实施。这是中国第一部规范证券发行与交易行为的法律，并由此确认了资本市场的法律地位。中国证监会成立后，推动了《股票发行与交易管理暂行条例》、《公开发行股票公司信息披露实施细则》、《禁止证券欺诈行为暂行办法》、《关于严禁操纵证券市场行为的通知》等一系列证券期货市场法规和规章的建设，资本市场法规体系初步形成，使资本市场的发展走上规范化轨道，为相关制度的进一步完善奠定了基础。2008 年以来，根据行业发展和市场变化的需要，积极推动基金监管业务信息系统建设，不断丰富监管数据来源，提高监管信息的分析效用。2008 年先后颁布《基金管理公司特定客户资产管理试点办法》、《特定客户资产管理合同内容与格式指引》、《关于证券投资基金宣传推介材料监管事项的补充规定》、《证券投资基金管理公司公平交易制度指导意见》、《QFII 督察员指导意见》、《关于证券投资基金管理公司在香港设立机构的规定》、《关于修改〈关于基金管理公司提取风险准备金有关问题的通知〉的决定》和《证券投资基金信息披露 XBRL 标引规范（Taxonomy）简介》等十余部法规文件。

三、我国资本市场功能表现的不足

尽管我国资本市场成绩斐然，但我国资本市场是在政府主导下，为国企服务这一特定背景下产生和发展起来的，在缺乏自然演变、超常规发展的条件下，其功能是不完善的。总的来说，我国资本市场功能的不健全体现在以下几个方面：

（一）“晴雨表”功能缺失

根据证券市场理论，国民经济运行状况一直被人们视为证券投资的依据。从证券市场与经济运行的内在逻辑上讲，证券市场属于虚拟经济的范畴，企业经营属于实体经济的范畴，虚拟经济在实体经济的基础上产生并发展起来，并反映实体经济的运行状况。正是从这个意义上讲，属于虚拟经济的股票市场同属于实体经济的经济运行也必然是一致的。但我国证券市场与经济运行周期的一致性并不明显。从1991年以来我国证券市场走势与宏观经济运行的关系来看，除了证券市场开始几年与宏观经济保持一致以外，其余大部分运行周期都与实体经济运行相背离。一方面，宏观经济从1993年开始至2001年年底，GDP增长率基本呈下降趋势或在底部徘徊，但上证指数自1996年以来屡创新高；另一方面宏观经济自2001年以来逐步走出低谷，GDP增长率逐步回升，但上证指数自2001年6月以来反复走低，“熊市”特征明显；2006年年初至2007年，尽管我国宏观经济同2006年以前一样保持较高的增长速度，但证券市场空前活跃，涨幅达到500%以上；2007年10月以来，尽管我国宏观经济没有发生明显的变化，但证券市场快速走向低迷，跌幅达到40%以上。

（二）投资功能缺失

投资者参与资本市场的目的是期望通过资本市场获得与其承担风险相应的风险收益。但从我国证券市场运行来看，证券投资收益不呈“正态分布”，大部分投资者不能获得平均的期望利润，且收益和风险不对称，投资者不能获得相应的“风险溢价”。张维在《中国证券市场制度演化及其效率》中对投资者损失的研究结论是，1994~2003年二级市场投资者的累计损失为2813.5亿元，平均每年损失281.35亿元。投资者所获得的现金股利有稳定的增长，但其数值远小于佣金和印花税的数值，每年佣金和印花税之和平均为现金股利6倍；根据“大智慧”网站的抽样调查得出的结论，尽管2007年证券市场大幅上涨，但仍然有一半左右的投资者处于亏损状态；2007年10月以后，上证指数曾由6100余点下跌至1600多点，两市股票市值从30多万亿元减少到10多万亿元，大部分投资者更是损失惨重。尽管我国证券市值经历了1996~2001年和2006~2007年两次比较大的“牛市”行情，但从我国证券市场运行的整个周期看，并考虑到投资成本和资金机会成本，投资者并没有从证券市场获得应有的财富增值。

（三）公司治理功能缺失

金融理论认为，证券市场的价格机制、收购机制、股权激励、舆论监督、股东“用脚投票”等都能够约束上市公司的行为，使上市公司的目

标与股东的目标保持一致。但证券市场的外部治理机制对我国上市公司的约束作用并不明显。在国家控股并在政府参与上市公司管理的情况下，股票价格的高低对上市公司管理人的约束和激励不强，即使上市公司经营业绩不佳，政府也没有足够的动力对现有的经营者进行处罚，况且上市公司高级管理人员本身就是一定级别的政府官员，他们与政府职能部门之间有着经济和政治的关系，上市公司竞争不力，并不影响他们的政治地位；同时其他股东要通过证券市场收购国有股，并取代控股权几乎是不可能的，即使存在收购也只能是国有股权之间控股地位的转换，这种收购对上市公司经营者行为也不会产生大的影响；当然中小股东可以以卖出股票的方式向上市公司“抱怨”，表示不满，从而达到约束上市公司经营者行为的目的。但我国证券市场投资者买卖股票的依据并不是针对上市公司经营情况的，而是针对“庄家”与政策的，所谓“用脚投票”机制与企业本身就没有充分的关联性。即使“用脚投票”，上市公司也不会受到任何影响。

（四）投机现象严重

从理论上说，证券市场是为投资者以价值发现为基础进行理性投资的制度安排，其目的并不是为投资者投机服务的。尽管在实际操作中，投机与投资很难区别，但在理论上还是有一定的界定。实际上，证券市场上的投资者不分析企业价值和实体经济运行，一味地“跟庄”、打探消息、短期炒作，期望突然暴富或获取不切实际的收益，即可以定性为投机。我国证券市场的投机特征十分明显。表现之一是我国证券市场的波动在世界上是少见的，政策、传言及各种“噪声”乃至机构的炒作或操纵都会引起中小投资者的跟风，导致市场波动频率高、幅度大；表现之二是市场换手率畸高，中国股票市场的年均换手率远远高于其他国家；表现之三是市盈率高，上海和深圳市场的平均市盈率都在 30 倍以上，1996 ~ 2001 年和 2007 年以来都在 50 倍以上，远远高于发达国家，也高于发展中国家；表现之四是持股时间短，大部分投资者投资证券市场并不是看重上市公司的经营业绩或者投资价值，而是看重市场波动，希望短期获得超额利润，因此投资者持有股票时间短，交易次数频繁，交投活跃；表现之五是 A 股与 H 股同股不同价，同一上市公司、同股、同权、同价的股票在上海、深圳和香港市场的价格相差甚大，前者的价格大都高于后者。

（五）融资功能过度发挥

按照融资序列理论，通过发行股票融资并不是上市公司的首选。在理性的融资方式中，最有利于股东的融资方式是内部资金融资，其次是发行公司债券或者向银行贷款融资，最后才是发行股票。这种融资行为是上市公司融资的最优决策。可我国上市公司的融资行为不同于金融理论中融资序列，表现是我国证券市场成为上市公司融资的首选。上市公司不论在需不需要资金或有不同融资方式选择的情况下，都具有强烈的通过证券市场融资的冲动。一是在所有的融资方式中，上市公司最偏好股权融资，只要能够通过股票市场融资，其他融资方式都可以放弃；二是在任何时候都具有融资愿望，企业法人总是最大限度地扩大企业规模，他们并不在乎投资与收益的关系，甚至在项目的净现值小于零的情况下也愿意从股票市场融资。

（六）证券市场价格不遵循“随机游走”规律，或者说市场往往被操纵

根据有效市场理论，证券市场投资者的机会是均等的，投资者可以根据个人的效用偏好和风险承受能力，选择不同的投资组合，大部分投资者能够获得平均收益；证券市场的价格呈布朗运动，其变动呈“随机游走”规律，操纵市场、误导投资者的行为不易发生。但我国证券市场的价格并不遵循“随机游走”规律，机构投资者利用资金、信息优势可以直接控制市场，中小投资者可能成为机构炒作的跟风者。在中国证券市场运行的过程中，不乏机构投资者操纵市场的案例：“中科系”等坐庄和“基金黑幕”等事件从不同的角度反映了我国证券市场机构投资者的行为特征：2007年以来，以基金为首的机构投资者，高举所谓“价值投资”的大旗，恶炒国企大盘股，以“中国石化”、“中国神华”、“中国船舶”、“中国石油”以及“工商银行”、“中国银行”等为代表的“中字头”上市公司大都被机构投资者操纵，并成为控制、影响市场运行的工具。在市场被操纵的情境下，操纵者能够以较低的风险获得高的收益，但大部分投资者却承担了与收益不对称的风险，甚至是亏损。

（七）分散风险功能不够完善

在功能完善的资本市场中，投资者可以根据不同的风险偏好，参与不同性质的交易市场、选择不同的交易品种和投资组合，实现不同风险的资产转换，以达到降低和分散风险的目的。但我国资本市场分散风险的功能并不完善。首先是目前深沪两市主要交易品种齐涨齐跌的现象十分明显，系统风险远远大于非系统风险，投资者不论选择什么品种的股

票，只要大盘出现下跌，风险就产生了；其次是市场结构单一，投资者能参与的只能是主板市场，主板以外的区域市场、柜台交易等被取缔，三板市场交易时间短、流动性差；最后是缺乏用于对冲交易和降低风险的交易品种，投资者不能选择对冲交易模式和除股票以外的交易品种，特别是不能选择投资组合所必需的股权、期权等证券衍生品种，使得投资者行为趋同，助涨助跌，制约了投资者抵制风险的能力，并进一步放大了系统风险。

第三节 我国资本市场结构的发展现状

随着资本市场发行规模不断壮大和投资者不断增加，证券流通的需求也日益强烈，从而促使股票、债券和证券投资基金的柜台交易在全国各地陆续出现，二级市场初步形成。

一、股票市场的发展现状

1990 年国家允许在有条件的大城市建立证券交易所。1990 年 11 月 26 日上海证券交易所由中国人民银行总行批准成立，同年 12 月 19 日正式开业。当时上海证券交易所上市的仅有 8 只股票，此谓上海“老八股”，即上海本地的延中实业、真空电子、飞乐音响、爱使电子、申华电工、飞乐股份、豫园商城以及浙江的凤凰化工。深圳证券交易所成立于 1990 年 12 月 1 日，并于 1991 年 7 月 3 日正式营业，其首批上市的股票有 5 只，此谓深圳“老五股”，即深发展、深万科、深宝安、深安达、深原野。在政府强有力的引导下，股份制试点企业不断增加，我国股票发行规模也不断扩大，股票发行涉及的境内上市公司数（A 股）、境内上市外资股数（B 股）由 1992 年的 53 家、18 家发展到 2013 年的 2468 家、106 家。截至 2013 年 12 月 31 日，2489 家上市公司股票流通市值 199579. 54 亿元。1992 ~ 2013 年上市公司数量具体如表 2 - 1 和图 2 - 1 所示。

表2-1 1992~2013年全国按股份类别划分的上市公司年末数量

单位：家

年份	A股总数	B股总数	同时发行A、B股数
1992	53	18	18
1993	177	41	35
1994	287	58	54
1995	311	70	58
1996	514	85	69
1997	720	101	76
1998	826	106	80
1999	922	108	81
2000	1060	114	86
2001	1140	112	92
2002	1213	111	100
2003	1277	111	101
2004	1363	110	96
2005	1358	109	86
2006	1411	109	86
2007	1527	109	86
2008	1602	109	86
2009	1696	108	86
2010	2051	108	96
2011	2320	108	86
2012	2472	107	85
2013	2468	106	85

资料来源：《中国证券期货统计年鉴》（2014）。

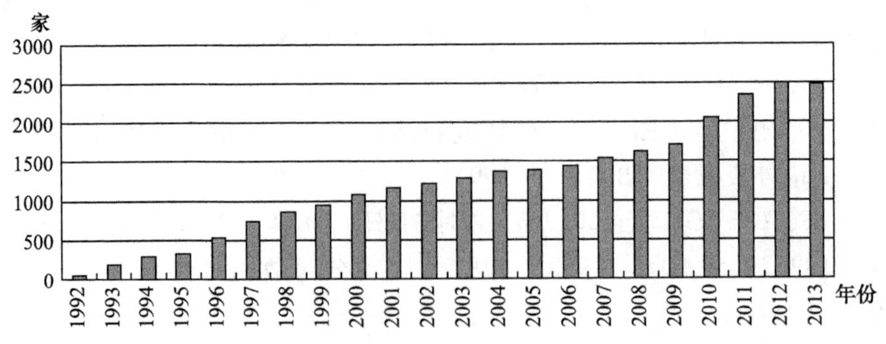

图2-1 1992~2013年上市公司数量

资料来源：《中国证券期货统计年鉴》（2014）。

从股票市场筹资角度看，1992 年上市的股票成交量达到 36. 8978 亿股，其市价总值为 1048. 15 亿元。1998 年年底股票总发行股本由 1992 年的 68. 87 亿股增加到 2526. 79 亿股，股票市价总值约为 19505. 64 亿元。到 2013 年年底股票市价总值为 239077. 19 亿元，约为 1992 年的 228 倍。

表 2－2 1992～2013 年 GDP 与股票市价总值的变动情况

单位：亿元

年份	GDP	市价总值	占 GDP 比例（%）	流通市值	占 GDP 比例（%）
1992	26923. 48	1048. 15	4. 00	—	—
1993	35333. 92	3531. 01	10. 00	861. 63	2. 44
1994	48197. 86	3690. 62	8. 00	964. 82	2. 00
1995	60793. 73	3474	6. 00	937. 94	1. 54
1996	71176. 59	9842. 37	14. 00	2867. 03	4. 03
1997	78973. 03	17529. 23	22. 00	5204. 43	6. 59
1998	84402. 28	19505. 64	23. 00	5745. 59	6. 81
1999	89677. 05	26471. 17	30. 00	8213. 97	9. 16
2000	99214. 55	48090. 94	48. 00	16087. 52	16. 21
2001	109655. 17	43522. 19	40. 00	14463. 16	13. 19
2002	120332. 69	38329. 12	32. 00	12484. 55	10. 38
2003	135822. 76	42457. 72	31. 00	13178. 52	9. 70
2004	159878. 34	37055. 57	23. 00	11688. 64	7. 31
2005	184937. 37	32430. 28	18. 00	10630. 51	5. 75
2006	216314. 43	89403. 89	41. 00	25003. 64	11. 56
2007	265810. 31	327140. 89	123. 00	93064. 35	35. 01
2008	314045. 43	121366. 44	39. 00	45213. 9	14. 40
2009	340902. 8	243939. 12	72. 00	151258. 65	44. 37
2010	401202	265422. 59	66. 00	193110. 41	48. 13
2011	473104. 05	214758. 09	46. 00	164921. 3	34. 97
2012	519470. 10	230357. 62	44. 34	181658. 26	34. 97
2013	588019	239077. 19	40. 66	199579. 54	33. 94

资料来源：根据 1992～2014 年《中国统计年鉴》、《中国证券期货统计年鉴》和《中经网统计数据库》数据整理所得。

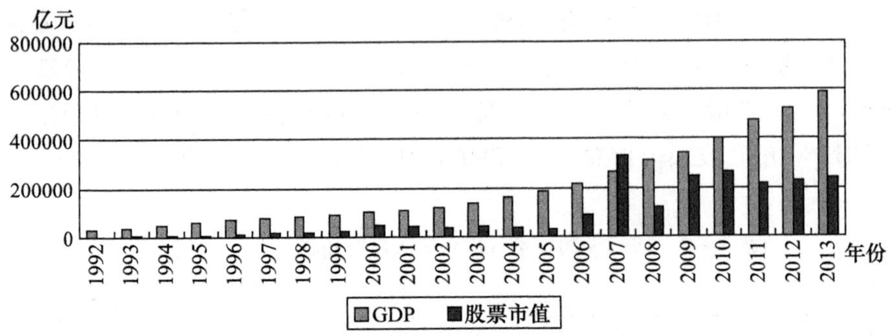

图 2-2 1992~2013 年 GDP 与股票市价总值变动情况

资料来源：根据 1992~2014 年《中国统计年鉴》、《中国证券期货统计年鉴》和《中经网统计数据库》数据整理所得。

二、债券市场的发展现状

（一）债券市场稳步发展

2013 年，全国债券发行总额 89202.94 亿元，同比增加 11.16%。其中，国债发行额增加 25.23%，增幅较大；公司信用类债券发行额同比减少 1.65%。截至 2013 年年底，全国债券余额 299152.65 亿元，同比增加 18.87%。“国债期货”和“国债预发行”相继推出，有助于推进利率市场化，为债券市场提供有效定价基准。

（二）交易所债券市场运行平稳

2013 年，交易所债券发行额 3954.94 亿元，其中非金融企业公司信用类债券发行额为 1780.91 亿元，占比为 45.03%。在非金融企业公司信用类债券中，公司债发行额 1393.35 亿元，同比减少 44.43%；可转债和可分离债发行额 84.81 亿元，同比减少 48.16%；中小企业私募债发行额 302.75 亿元，同比增加 203.33%，增幅明显。截至 2013 年年底，交易所债券托管金额 19454.67 亿元，同比增长 56.18%。

从上海证券交易所来看，2013 年，上交所现券成交金额 15312.48 亿元，同比增加 81.36%；回购成交金额 610526.93 亿元，同比增加 64.40%。其中国债现货日均成交金额 3.24 亿元，同比减少 13.00%，公司债（含企业债）现货日均成交金额 37.56 亿元，同比增加 87.33%，增幅明显。从深圳证券交易所来看，2013 年，深交所现券成交金额 2105.45 亿元，同比增加 44.25%；回购成交金额 50496.07 亿元，同比增加

127.72%。其中国债现货日均成交金额0.14亿元，同比增加242.96%，公司债（含企业债）现货日均成交金额7.22亿元，同比增加34.62%。

表2-3 中国历年债券市场概况统计（1992~2013年）

单位：亿元

年份	国债发行额	金融债发行额	企业债发行额	债券发行总额
1992	460.78	55.00	683.71	1199.49
1993	381.31	—	235.84	617.15
1994	1137.55	—	161.75	1299.3
1995	1510.86	—	300.80	1811.66
1996	1847.77	1055.60	268.92	3172.29
1997	2411.79	1431.50	255.23	4098.52
1998	3808.77	1950.23	147.89	5906.89
1999	4015.00	1800.89	158.20	5974.09
2000	4657.00	1645.00	83.00	6385
2001	4884.00	2590.00	147.00	7621
2002	5934.30	3075.00	325.00	9334.3
2003	6280.10	4561.40	358.00	11199.5
2004	6923.90	5008.70	327.00	12259.6
2005	7042.00	6818.00	2046.50	15906.5
2006	8883.30	9520.00	3938.30	22341.6
2007	23139.10	11912.90	5058.50	40110.5
2008	8558.20	10822.98	2366.90	21748.08
2009	17927.24	11678.10	4252.33	33857.67
2010	19778.30	13192.70	3628.53	36599.53
2011	17100.10	19972.70	3485.48	40558.28
2012	16154.20	13880.00	7999.31	38033.51
2013	20230.00	26890.03	6252.00	53372.03

资料来源：根据1993~2014年《中国证券期货统计年鉴》整理所得。

三、基金市场的发展现状

自20世纪70年代美国货币市场基金崛起以来，国际上投资基金进入了一个迅速发展的阶段。目前，全球投资基金业已经发展成为与银行业、保险业鼎立的三大金融产业之一。我国在90年代初开始了投资基金的探

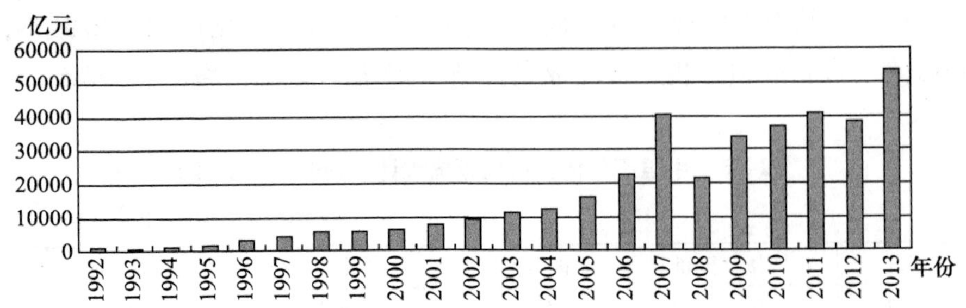

图 2-3　1992～2013 年债券发行总额

资料来源：根据 1993～2014 年《中国证券期货统计年鉴》整理所得。

索与实践，并且随着它们在深沪证券交易所的上市形成了投资基金市场的雏形。十多年来，我国基金市场从无到有、从小到大，推出了当今成熟市场绝大多数的主流基金产品，从产品结构到发展规模等方面均取得长足进步，呈现出极强的生命力。回顾我国基金市场的发展历程，大体上经历了以下三个阶段：

（一）1991～1997 年：在摸索中缓慢起步

1991 年随着我国证券市场的起步，我国基金业也开始萌芽。1991 年 7 月，珠信基金宣告成立，与同年 10 月发行的武汉证券投资基金和深圳南山风险投资基金一起成为第一批投资基金。截至 1997 年年底，我国共设立各类投资基金 78 只，全部为封闭式基金，通常称为"老基金"，募集资金共计 76 亿元。总体而言，这一时期的基金业处于摸索起步阶段，基金公司少，资金规模小，运作不规范，相关的政策法规尚不健全，基金资产缺乏应有的流动性，整体发展缓慢。

（二）1997～2002 年：在规范中有序发展

1997 年 11 月《证券投资基金管理暂行办法》颁布，对发展初期散乱的基金审批设立体制进行了立法规范，明确了我国基金业以证券投资基金为主导方向，基金业从此步入规范发展时期。1998 年 3 月，南方基金公司成立，成为第一家规范运作的基金公司，其发起设立的封闭式基金开元拉开了我国证券投资基金规范发展的序幕。1999 年，我国对原有投资基金进行了清理和规范，经过一系列的基金合并和资产重组，完成了基金的扩募和续期，最终实现了新老基金的历史过渡。2002 年 9 月，已募集成立并挂牌上市的封闭式基金达 54 只，筹资总额为 807 亿元。其后，封闭

式基金的发行全面停止。

（三）2002年开始至今：在创新中快速扩张

2001年9月，华安创新证券投资基金正式设立，成为我国第一只开放式基金。2002年以来，伴随着创新步伐的加快，我国基金市场进入了快速发展阶段，先后推出了债券型基金、指数基金、系列基金、货币市场基金、保本型基金、LOF、ETF、红利基金、生命周期基金、复制基金、QDII基金等创新基金。我国基金业开始了资产规模和产品结构全方位的快速发展，取得了令人瞩目的成就，成为我国证券市场中不可忽略的重要力量，在我国资本市场的发展中起到越来越重要的影响作用。2007年7月，封闭式基金引入结构化产品，推出了创新型封闭式基金，探索了我国封闭式基金重新崛起的一条新路，并拓宽了我国基金产品的创新空间。2006年，全年新募集基金4028亿元，接近以往8年新募基金规模总和，2007年基金资产规模总和达3.1万亿元。2011年基金业总规模为26510.37亿元，基金资产净值为21918.55亿元；基金持股市值12928.69亿元，占沪深股市流通市值的7.82%。截至2013年12月31日，全国共有89家基金管理公司（含合资公司48家），管理资产规模4.22万亿元，其中，证券投资基金产品共1551只、资产3万亿元；社保基金资产4508亿元；企业年金基金资产2405亿元；专户理财资产5260亿元。基金持股市值13187.45亿元，占沪深股市流通市值的6.66%。此外，境内专户子公司62家，管理资产超过6000亿元。

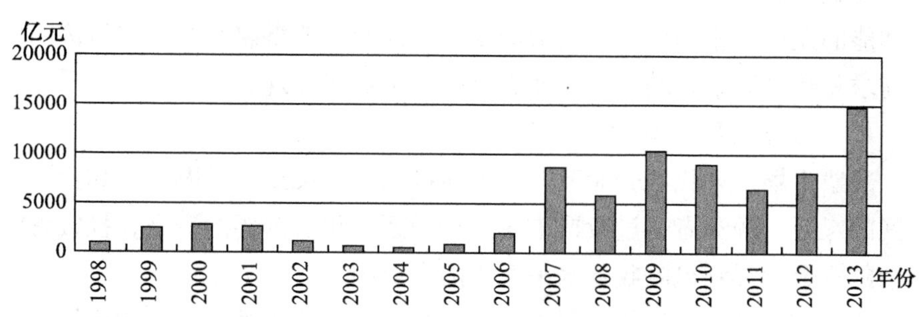

图2-4　1998~2013年上市基金成交金额

资料来源：根据2014年《中国证券期货统计年鉴》整理所得。

第四节　我国资本市场结构的功能现状

20世纪90年代以来，我国资本市场得到了长足的发展，伴随着我国股票市场、债券市场和基金市场的快速发展，其功能也发生着积极和负面的变化。为此，认识我国资本市场结构的功能变迁对于其结构的优化具有重要的意义。总的来说，上述三大市场的功能变迁和定位可以概述如下。

一、股票市场的功能现状

自1990年上海和深圳两个证券交易所成立以来，我国股票市场取得了显著的发展。实践证明，我国股票市场从无到有，从小到大，在改善融资结构、优化资源配置、促进经济发展等方面，已经发挥了重要作用。但是，毋庸讳言，我国股票市场总体上来说，是一个转轨中的新兴股票市场，一方面具有新兴市场的共同特征：欠规范、欠成熟和欠发达；另一方面又具有非常显著的体制转轨经济的特殊性。因此，我国股票市场的功能在履行其本原职能的同时强化和异化了股票市场的职能。具体表现在以下几个方面：

（一）融资功能的强化与异化

在我国股票市场的发展过程中，其融资功能得到了极致的发挥，但融资功能的发挥在相当程度上是依赖于计划性的，严重忽视非国有经济的资金需求是我国股票市场融资功能异化的一个重要表现。

1. “融资主导”与“投资主导”

股票市场是现代社会储蓄向投资转换的重要渠道，是融资者和投资者之间的媒介：融资者通过股票市场发行股票筹集所需要的资金，投资者将剩余的资金投资到风险收益水平适当的企业中。

成熟市场经济国家的股票市场并不是一个以筹集资金为主的市场，融资已经成为一种越来越居于次要地位的股票市场功能。股票市场的基本职能转换为：资源优化配置的场所与投资者的投资市场。

我国股票市场作为转轨中的新兴市场，应当有一个市场规模扩大的时期，企业的融资需求也相对迫切，但是仅仅关注股票市场的融资功能，甚

至仅仅关注国有企业和国有经济筹资，必然会导致市场各项功能发挥的严重失衡，这种长期的非均衡必然最终影响到股票市场融资功能的有效性。我国的股票市场在政府种种政策的保驾护航下，为国有企业融资的功能一度发挥得相当成功。但是股票市场缺乏投资价值的问题也日益突出，直接影响到股票市场对投资者的吸引力。如果不能及时地将股票市场的主要功能转向为投资者提供高效率的投资渠道，已有的融资功能可能也会难以为继，并且会在股票市场酝酿相当大的风险。

2. 融资歧视

过分强调运用计划性的管制措施为效率不高的国有企业筹集资金是我国股票市场融资功能的又一异化。回顾我国股票市场的发展历程，它之所以能在 20 世纪 80 年代计划经济的体制和意识形态中萌芽、立足和生存，应归功于其筹集资金的功能；之所以能在 20 世纪 90 年代得到政府的正式承认并有意识地加以运用，也应归功于其直接、有效的融资功能，特别是为国有企业和国有经济筹资的功能。1992 年邓小平同志南方视察谈话后，在政府的刻意推动下，我国股票市场进入了一个快速发展时期，其融资功能得到了淋漓尽致的发挥。在过去的近 20 年时间中，我国的股票市场取得的长足发展是与它为国有企业和国有经济融资的功能定位及融资功能的充分发挥分不开的。历史地看，这样的功能定位有其必然性，也是制度设计者回避了尖锐的矛盾冲突，被迫选择的成本最小且是唯一可能获得成功的市场定位。

诚然，筹集资金是股票市场最基本的功能，但是融资功能不可能脱离其他功能（如价格发现功能和资源配置功能等）而孤立地发挥作用。现实中，无论是管理层、政府部门，还是上市公司，都把上市作为一种筹集低成本的资金来源来使用，这实际上是中国股票市场在一个特殊时期产生的特殊现象。这种现象产生的根源是传统计划经济体制。传统计划经济体制以短缺为基本特征，资金作为一种资源，尤其显得短缺。所以，无论得自何方，无论成本多高，只要得到就是成功。再加上存在着“赖账机制”，企业很少考虑资金的成本以及资金的来源结构对企业运行的影响。于是，主要为国有企业和国有经济筹集资金的股票市场定位，在成功地推动股票市场融资功能的发挥后，由于股票市场的价格发现功能和资源配置功能等难以相应地发挥出来，企业从股票市场上筹集到的资金得不到高效与合理的利用。单纯的融资功能的消极性已经逐步显现出来。一些国有企业把股票市场完全当作“圈钱”的场所，重融资、轻改制是这种市场定位的必然结果。

改革开放以来，我国经济增长的宏观格局在所有制构成和企业规模构成方面发生了非常显著的变化。从所有制构成看，国有经济的产出份额越来越小，非国有经济逐渐成为经济增长的主体。尽管在投资领域一直占主体地位，并获得各类形式的资金投入和补贴以及金融机构的融资倾斜，1979 年以后我国国有经济的产出份额和就业比例仍呈显著下降趋势，利润下降、增长缓慢及高额亏损始终是国有经济面临的突出问题。与之相反，尽管在投资中所占的份额不足一半，并且面临着正规金融市场的融资歧视，但非国有经济仍逐渐成为最具活力的主要增长点，也是国有经济存量重组的主要支撑点。

尽管《证券法》规定，“国家鼓励符合产业政策同时又符合上市条件的公司股票上市交易”。但实际上非公有制企业很难得到股票上市额度，缺乏直接融资通道。随着政策对民营企业的放宽，股票市场有以民营企业为主要发起人的上市公司，但在深沪股票市场上直接上市的民营企业仍不多，通过买壳而间接上市的民营企业较多一些。一些具有民营色彩的企业为了达到上市的目的，采取挂靠主管部门、改变所有制性质等办法，很多企业在改制上市后，造成产权不清等后遗症。非公有制经济是我国最具活力、效率最高的经济成分。按照资源优化配置的原则，它们应该获得更多的资金支持。因此，以国有经济和大中型国有企业为导向的股票市场融资定位是与新的经济增长格局和投资绩效倒置的，这种倒置必然带来股票市场配置资源效率的损失。

3. 恶意融资

所谓恶意融资就是那种不是为了需求公司价值最大化，而是为了其他目的，特别是为了攫取公司利益相关者——主要是流通股股东、债权人以及员工合法权益而进行的不计成本和风险的融资行为。恶意融资的“恶意”，主要表现在以下几个方面：不符合融资条件，但通过作假或其他利润操纵手段获得融资资格；根本没有融资的必要，却仍然执意融资；虽然有融资的必要，但不考虑利益相关者的成本，以不恰当的方式进行融资，即融资的顺序依次是股权融资、发行可转换公司债券、债权融资和内源融资；融得资金后，不按照承诺的用途去使用资金，造成资金通过各种途径耗损，有的甚至被用来套取更多的资金。

我国上市公司之所以利用股票市场进行恶意融资，是因为拨改贷以及财政拨款的终止，使得企业行政性内源融资时期宣告终结，国有银行庞大的不良贷款又使企业的外源性融资陷入困境，股票市场的出现，股权融资便成为优势企业进行资本扩张的最佳选择。更主要的原因是：第一，缺乏规范的股权结构和完善的治理结构。上市公司大股东的绝对控股使中小股东无力抗衡董事会的决议，难以对公司决策施加有效影响，而监事会成员大多来自企业，受董事会控制程度较大。换言之，上市公司权力制衡机制的缺乏，使得企业融资计划完全能按照内部控制人的意愿得以执行。这是上市公司恶意“圈钱”行为的内在根源。第二，缺乏完善的市场运作规范。应该说，股权融资是一种投资方、融资方与市场中介三方参与的行为。企业融资行为若不能符合资本最优化配置的基本要求，何以在股票市场能够畅通无阻地得以实施呢？归根结底，市场运作机制的不规范是上市公司恶意“圈钱”的外在根源。

4. 融资运行的非市场化管制

理论上说，股票市场的融资功能提供的是一种市场化的融资渠道，这实际上包含了三个方面的内在含义：首先，融资功能的发挥必须是市场化的，是建立在资金使用者和资金拥有者自主选择的基础上的；其次，这种市场化的融资方式在完善的市场经济条件下常常被视为成本最高的资金来源渠道，因此并不能提供可以无偿使用的资金；最后，从国际经验看，无论是在发达国家，还是在新兴市场国家，在股票市场的诸多功能中，融资功能并不是一种主要的功能。

我国股票市场是一个被行政权力多重扭曲的市场。近 20 年来，我国股票市场一直呈现出行政主导性的特征，由于行政权力和行政机制的大规模介入，使得市场化的竞争机制不能有效地产生和发挥作用。竞争性发行机制的缺失使得企业所取得的在场内一级市场的股票发行权不是市场竞争的结果，而是行政“公关”和行政选择的结果，这就在源头上阻隔了企业走向市场竞争的道路，妨碍了竞争机制在股票市场上的产生、存在和作用。由此，使得我国股票市场成为了一轮又一轮的“圈钱”场所。

（二）我国股票市场资源配置的逆向选择

1. 低效率配置与“逆向选择”

在“路径依赖”条件下，制度变迁过程具有报酬递增与自我强化功能，这种初始条件与路径选择对融资制度演进的最终效率具有深远的影响。一般来讲，资金配置效率的提高意味着资金由效率低的部门流向效率高的部门，整个社会收益水平提高，同时收益的不确定性降低。而配置的中心问题是价格信号的准确性问题。股票市场能对上市公司的未来价值作出评价，其基本条件是股票价格必须反映上市公司效益高低的走向。

众所周知，股票市场应该是一个有效配置资源的地方。或者说，它应该将稀缺资源配置到最能为社会创造财富的企业中去。但股票市场的这种功能并不是自动实现的。如果股票市场的基本制度不健全，或作为股票市场制度基础的外部制度有问题，股票市场就很难完成这个功能，甚至出现“逆向配置”。资金无疑是我国目前最稀缺的资源，而我国上市公司从投资者手中募集的成千上万亿元的资金，是不是会创造出更多的财富呢？答案是不确定的。据有关研究资料显示，大量的上市公司将募集来的宝贵资金用于在股票市场上委托理财，使大量资金在股票市场上空转，制造泡沫。

不仅如此，植根于我国股票市场制度缺陷中的投机文化，使得我国股票市场形成了另外一种恶性循环：越是随意“圈钱”、越是胡乱烧钱就越是出题材，投资者就越是愿意给它送钱。因此，大量劣质公司充斥股票市场，使得我国股票市场本来就为数较少的优质企业生存空间日益狭窄，甚至出现所谓“劣币驱逐良币”的“逆向选择”，在这种投机文化的驱迫下，我国股票市场已经沦为彻头彻尾的“柠檬市场”（次品市场）。

2. 低配置效率与“逆向配置”的成因

从我国股票市场的参与主体来看，我国股票市场是一个特殊的国有股票市场。我国的上市公司是国有的，交易所是国有的，券商是国有的，投资基金是国有的，参与投资的核心资金是国有的，唯一不是国有的，就是普通的中小投资者。因此，我国股票市场就是政府经营着的一个特大型国有企业，而且是负无限责任的国有企业。而国有企业之所以绩效不佳，是因其普遍的“预算软约束”。一是政府与企业之间有密切的行政联系，企业管理层往往兼有行政领导职能。二是企业与政府可以就财务状况进行事后的协商。我国股票市场这种无处不在的软约束特性，构成了我国股票市场独特的“食物链”现象：由上市公司、券商、“机构投资者”等所构成的强势集团在同时分享两份免费大餐：一份是在明处的中小投资者的财富，另一份是看不见但更加丰腴的（属于全体纳税人的）“社会资源”。这样，在我国股票市场存在“逆向配置”就不足为怪，总的来说，其成

因主要有以下两个方面：

第一，信息传递机制和价格形成机制的双重扭曲。由于我国股票市场发展具有明显“政策担保”与行政化的特点，股票价格并不能有效反映市场信息，而信息失真和市场参与各方信息之间的不对称，使得投资者不得不为之付出额外成本，在理性预期条件下，投资者的投资行为被演化为理性投机行为，人为地放大了市场中的“博傻”机制，从而使我国股票市场不但信息传递机制发生扭曲，而且价格形成机制也不可避免地发生了扭曲。这种双重扭曲，使得市场价格无法有效引导社会资源向边际效率高的项目有序流动，进而弱化了股票市场的资源配置效率。

信息披露制度的失灵也是导致我国股票市场定价效率低下和资源配置功能弱化的直接原因。只有信息披露真实、及时，才有可能形成公正、合理的股票市场价格，使市场定价效率保持在一个较高的水平上。但对于我国股票市场而言，上市公司信息披露中的虚假现象和股票市场的发展过程形影不离，上市公司的信息可得性和信息发布的及时性也存在很多问题。从市场的现实情况来看，这些问题的形成主要源于制度障碍、公司主体行为障碍而非技术障碍。上市公司信息披露中频繁发生的违规行为，使市场的公信力被破坏，投资者对上市公司失望，市场信心受到伤害，市场定价机制严重扭曲。这种被扭曲的股票定价机制，不仅不能有效指导增量金融资源的分配和存量资源的调整，反而会导致金融资源的“逆向配置”。

第二，市场操纵价格使股票价格与上市公司的基本面严重背离。综观近些年来的股票市场，“庄家”一直大行其道。推动股价上扬的不是公司的经营成果和成长性，而是“庄家”炮制的各种概念、题材和虚无缥缈的“想象空间”。“庄家”经常与上市公司联手，利用掌握的内部信息或散布虚假信息肆意炒作某只股票，进行市场操纵。在这种情况下，股价被“庄家”玩弄于股掌之中，与上市公司的治理质量、经营业绩和内在价值完全脱节。股价严重背离上市公司基本面是市场定价效率和资源配置效率低下甚至“逆向配置”的直接的、基本的表现形式。

（三）我国股票市场的功能定位和制度创新不到位

1. 功能定位的固化和错位

我国股票市场现阶段的功能在现实运行中依然表现为片面的融资定位。股票市场的这种功能定位，导致市场功能长期被锁定在融资层次上，股票市场本身所具有的投资功能和优化资源配置等功能则受到极大抑制。

股票市场的这种单纯融资功能以及“利用”思维模式，致使市场上因制度缺陷引发的市场风险进一步放大，上市公司转轨不转制所导致的各种矛盾和问题凸显，成为股票市场健康发展的严重阻碍，因此亟须对股票市场的功能进行定位调整。

在认识和评价我国股票市场的功能时，有两个误区应该注意：一是把市场融资规模作为主要的衡量标准，认为融资规模越大，市场功能越强，成绩越大。从某种程度上说，这种认识并非完全没有道理，但上述认识要基于一个基本的前提，即所有的融资活动都是具有充分效率的。由于我国股票市场情况特殊，因而融资规模只对我国股票市场的规模和广度具有表征意义，而不能说明资本使用效率这种更深层次的东西。当市场所融资金使用处于低效率或无效率状态时，融资规模大不仅不是成绩而是过失。二是把股价指数增幅视作一个衡量标志，认为股价指数增幅越大，市场的作用和成绩越大。从理论上说，股价指数与作为指数计算依据的采样股票的数量、价格等因数有关，并不直接反映上市公司手中的金融资源的配置效率，而且股价指数增幅较大，有时恰恰是股市泡沫大和投机过度的反映。

另外从融资角度分析，我国上市公司对股权融资过分偏好，对债务融资尤其是企业债券融资等融资形式不积极，这样导致上市公司资本结构和治理结构存在不合理和不完善的现象。

2. 制度创新中“政府强制性”太强

从新制度经济学角度分析，我国股票市场的产生、发展与完善表现为一种股票市场制度创新的过程，即股票市场的制度安排由均衡到非均衡再到新的均衡的演变过程。按照动力、方式和过程的不同，制度创新可分为两种基本形式，即诱致性变迁和强制性变迁。成熟的市场经济国家一般采用的是诱致性变迁模式。

我国股票市场的产生发展并没有走西方国家股票市场自然发育的道路，而是选择了赶超式发展模式，就在于政府扮演着主导作用——提供制度变迁的方案，并具体实施和控制证券融资的组织化、制度化进程。政府主导型证券制度，通过政府的强制性制度变迁，可以在短时期内迅速地将股票市场制度基本框架建立起来，以行政性长期契约关系，降低信息成本与资本搜寻成本，在很大程度上降低了信息非对称性和谈判问题，弥补了有缺陷的市场结构。但政府的制度安排和股票市场内在的运作规律存在一定差异，这一差异正是股票市场效率损耗的制度根源。

转轨中的新兴股票市场基本上采取的是强制性变迁模式，这是由国家推动股票市场发展的“路径依赖”以及创新动力、创新方式所决定的。我国在股票市场成长的实践过程中，提供了一个新的制度变迁的范例，即政府引导、市场跟进的制度变迁模式，也可称为“半强制性制度变迁”。为了实现制度的创新，政府首先进行引导，通过舆论宣传、培训与辅导、窗口指导等手段进行提示，诱发微观经济主体的创新动机；其次是市场跟进阶段，市场中的微观经济主体从政府的诱导中得到信号，于是明确了制度变迁的方向，并产生了推动制度变迁的动机，通过学习、试验、内部试行、酝酿准备等手段来积累创新因素，为新制度准备条件；最后，政府待各种条件比较成熟后，便推动新制度的实施，主要手段有制定规则、推出方案、进行试点等。在这种强制性或半强制性的制度创新下，我国股票市场迅速得以建立，实现了传统信用条件下银行主导融资制度向现代市场经济条件下证券融资制度的有力切换。但是，由于我国股票市场的种种制度安排是从计划经济体制中产生和发展起来的，缺乏成熟市场经济下的基础性制度安排（民商法、契约观念等），这使得我国股票市场的制度变迁带有浓厚的计划经济体制烙印，而我国股票市场初始的融资制度安排便是这种计划经济体制烙印的最明显体现。正是这种以政府的强制性推动为特征的制度变迁，引致了我国股票市场的制度缺陷，产生了政府主导型外在制度安排与股票市场发展内生规律之间的矛盾与摩擦，进一步导致了我国股票市场的低效率。

在政府推进股票市场制度建设，并提供“隐性担保”的前提下，市场边界与政府行为边界的界定不清，结果只能是：市场风险转嫁给国家，转化为系统性风险；政府的体制性风险内嵌于市场之中，并由市场自身消化。

二、债券市场的功能现状

债券作为一种金融工具，可以从多个角度来理解。我国的债券市场总的来说，主要包括国债市场、金融债券市场和公司债券市场。债券市场在宏观经济中的地位日趋重要，债券市场中的发行和交易是财政和货币政策发挥作用的重要途径，债券交易价格形成的收益率曲线是金融产品收益水平计算和衡量的基准。我国债券市场从 20 世纪 80 年代末 90 年代初开始逐步发展起来，从其发展经历和规模来看，主要可分为以交易所场内市场为主和以银行间场外市场为主的两个阶段。

我国政府从1981年恢复发行国债是债券市场发展的新开端。当时债券发行量小，并采取限购以及行政摊派方式，同时也没有法定的国债二级市场进行流通。1985年大的商业银行和信托投资公司获得批准发行金融债券，它们成为国债发行新的主体；1987年中国人民银行和财政部开始了国债柜台交易试点，这些均表明国家对国债支持力度的增加。同时在1987年国务院颁布了《企业债管理暂行规定》，正式将企业债券的发行纳入资金计划，企业债券开始发行与交易。此时在没有统一货币市场的基础上发展的债券市场处于分散、监管不健全的阶段。尤其是债券发行采取行政摊派方式、几乎没有交易、流动性不强、投资者积极性不高，可以说并没有形成真正意义上的国债市场。同时金融债券发行也以失败告终，企业债券也由于缺乏管理而出现债务危机。1988年年初，国家批准首先在7个城市进行国债流通转让试点，开始了银行柜台现券交易，试点地区的财政和银行部门分别成立了证券公司或国债服务部，其职责是办理投资人买卖国债业务。同年6月，又批准了54个大中城市进行国库券流通转让的试点工作，这是中国债券市场的开端，由此标志着我国债券市场的正式建立。

1990年12月上海证券交易所成立，国债逐步进入交易所交易。随后，全国各地的证券交易所纷纷推出债券交易，场内市场交易逐渐活跃。1993年，在证券公司和商业银行等机构之间出现了大量的国债回购交易；同时，上海证券交易所也推出国债期货试点。由于缺乏全国集中统一的国债托管结算系统，各地出现了大量的国债买空、卖空、挪券和假回购等违规行为。从1994年下半年开始，国家开始对各地分散的证券交易场所进行清理整顿，将国债交易集中到上海和深圳两个证券交易所进行，场内市场快速发展，国债期货交易也异常火爆。

1996年，上海证券交易所爆发“3·27”国债期货事件，国债期货试点以失败告终。1997年上半年，股票市场过热，大量银行资金通过各种渠道违规流入股票市场，其中交易所的债券回购成为银行资金进入股票市场的重要渠道。1997年6月，根据国务院统一部署，中国人民银行发布了《中国人民银行关于各商业银行停止在证券交易所证券回购及现券交易的通知》（银发〔1997〕240号），要求商业银行退出上海和深圳证券交易所市场，将托管在交易所的债券全部转到中央结算公司，并通过全国银行间同业拆借中心（以下简称同业拆借中心）提供的交易系统进行交易。1997年6月16日，同业拆借中心开始办理银行间债券回购和现券交易，标志着全国银行间债券市场的正式运转。市场运行初期，由于交易主体单一，投资者不熟悉场外市场交易方式等原因，市场流动性非常差。直到2000年，债券交易仍主要通过场内市场进行。

2000年，随着人民银行制定的市场发展政策措施逐步到位，银行间债券市场进入了快速发展轨道。特别是2002年债券结算代理面向非金融机构开放，以及准入备案制的实施，众多非金融机构投资者进入市场，银行间债券市场参与者数量迅速增长，债券交易量也开始大幅增加。2001年，银行间债券市场年交易量首次超过交易所市场，之后一直保持着70%以上的市场份额，我国债券市场以场外市场为主的格局初步形成。

1. 债券发行的基本目标是满足筹措资金的需要

筹资可能是为了直接弥补财政赤字，也可能是为了投资特定的建设项目。政府筹资的需要包括举借新债和借新还旧两个方面。因此，政府发债的目标主要基于：①弥补赤字；②偿还到期旧债；③投资。具体来说，政府筹资不一定完全是为了弥补财政赤字，因此政府债务主管部门还应考虑其他多方面的因素。例如支持中央银行的货币政策，通过向非银行金融机构出售中长期债券，政府可以利用国债吸收一部分过剩流动性（即多余的流动货币）。此外，政府还可能出于其他目的发债：例如支持国内机构的投资；或者为了保障国家社保基金对收益人的支付；或者为了帮助国有银行达到存款准备金要求；或者为了基础设施提供资金。还有，为扩大内需，减轻经济周期的不利影响，政府也常常主动采取发债型的扩张性财政政策。例如，1997～1999年，银行将部分不良贷款（NPL）交给资产管理公司处置，一些资产管理公司的资金来源就是财政部的国债发行款。还有，20世纪90年代末，中国为实施积极的财政政策，发行了大量专项国债用以支持国家发展和改革委员会选定的建设项目。

我国企业债券市场的发展大致经历了两个阶段，1985～2000年是起步阶段，这一阶段债券市场初步建立，但债券发行、交易、信息披露等规章制度并不完善，市场较混乱；2000年至今是债券市场的发展阶段，金融市场改革力度加大，债券品种不断创新，规章制度逐步完善。2000年以前，企业发行的短期融资券是企业筹措短期资金的重要工具。1992年，短期融资券发行额达228亿元，达到发行高峰。1997年，部分企业短期融资券不能按期兑付的信用风险逐渐暴露，之后，中国人民银行再未审批短期融资券的发行，企业短期融资券暂时退出市场，2000年以后，我国企业债券市场重新崛起，发行规模和市场结构均出现迅速发展，机构投资人成为投资主力。

2004年，国家发展和改革委员会（以下简称“发改委”）完善和规范了企业债券的发行程序，加强和改进债券管理，防范、化解兑付风险。在中华人民共和国境内注册登记的具有法人资格的企业均可申请发行企业债券。适用《公司法》关于发行公司债券有关规定的企业，按照《公司法》的要求申请发行公司债券。根据《企业债券管理条例》，发改委按照先核定企业债券发行规模、再批准企业债券发行方案的方式，组织和实施企业债券发行审批工作。

2005年，《短期融资券管理》办法出台。同年5月26日，中国国际航空股份有限公司等5家企业首次在银行间以簿记建档方式发行7只短期融资券。短期融资券的期限在一年以内，企业发行短期融资券应在交易商协会注册，企业发行短期融资券所募集的资金应用于企业生产经营活动，相对灵活，并且发行短期融资券无担保要求。

2007年8月，《公司债券发行试点办法》公布施行，企业申请发行公司债券，应当经中国证券监督管理委员会核准。长江电力发行不超过80亿元公司债券及第一期发行40亿元公司债券的申请于2007年9月18日获得中国证监会发审委审核通过。公司债券对担保没有强制要求，参与试点的“公司”范围仅限于沪深证券交易所上市的公司及发行境外上市外资股的境内股份有限公司。

2008年，发改委对企业债发行核准程序进行了简化，将先核定规模、后核准发行两个环节，简化为直接核准发行一个环节。这解决了企业债审批难、期限长等弊端，并且降低了企业债的发行门槛，拓宽了募集资金的使用范围，大大提高了企业发债的积极性。目前对公司发行企业债不再强制要求提供担保，发行方式方面也鼓励发行人采用更加市场化的方式。

2. 债券市场促进了经济增长

债券市场募集大量的资金，有利于大量资本形成，根据经济增长理论，对国民经济的增长起到了一定的作用。数据显示，1998年我国债券发行0.59万亿元，债券余额1.36万亿元；2013年债券发行89202.94亿元，债券余额达299152.65万亿元。债券市场发行总量在GDP中所占的

比重呈现稳步上升的态势，这标志着国民经济增长对债券市场的依赖程度正在逐渐加大，债券市场在宏观经济体系中的地位和作用也越来越重要和突出。

三、基金市场的功能现状

1993 年 8 月淄博乡镇企业基金在上海证券交易所挂牌交易，成为了第一只上市交易的投资基金。1997 年 10 月，《证券投资基金管理暂行办法》的实行，成为基金业发展的分水岭，1998 年 3 月，金泰、开元证券投资基金的设立，标志着规范的证券投资基金开始成为中国基金业的主导方向。在稳步扩大公募基金管理规模的同时，加大力度支持固定收益类货币市场基金、债券基金、创新封闭式基金发行，重点加快债券基金的审核进度，着力解决公募基金中高风险股票类基金占比高、低风险产品不足的结构问题。截至 2013 年 12 月 31 日，全国共有 89 家基金管理公司（含合资公司 48 家），管理资产规模 4.22 万亿元，其中，证券投资基金产品共 1551 只、资产 3 万亿元，社保基金资产 4508 亿元，企业年金基金资产 2405 亿元，专户理财资产 5260 亿元。基金持股市值 13187.45 亿元，占沪深股市流通市值的 6.66%。此外，境内专户子公司 62 家，管理资产超过 6000 亿元。

基金是一种集合投资、专业理财、分散风险、收益共享的金融产品和投资工具。中国证券投资基金的发展历程表明，基金的发展与壮大，推动了证券市场的相对健康稳定发展和金融体系的健全完善，在国民经济和社会发展中发挥了日益重要的作用。中国基金业的迅速发展给中国金融市场带来的积极影响，包括：

（1）证券投资基金是促进证券市场健康稳定发展，加快市场发育进程的重要推动力量，基金以其专业理财优势、理性投资行为和规模经济效应，有效地引导了市场的投资行为，促进了证券市场的健康稳定发展。大力发展证券投资基金，对发展资本市场具有重大促进作用。基金作为重要的机构投资者，在提高资源配置效率、促进上市公司治理、培育理性的投资理念、增强资本市场与货币市场的沟通、改善金融政策传导机制等方面起到重要作用。以基金为代表的机构投资者是推动上市公司完善治理结构的重要力量。证券投资基金的发展壮大，有利于稳定市场、活跃交易、引导投资、防止市场过度投机，促进市场稳定，提高了市场的运行效率。

（2）基金是优化金融资源配置，降低金融风险，完善金融体系的重要工具，基金促进储蓄转化为投资，将资金引入证券市场，为企业在证券市场筹集资金创造了良好的融资环境，有利于提高直接融资的比例，优化资源配置，改善当前中国证券市场与货币市场发展不均衡的状况；基金通过吸收社会上的各种资金进入金融市场，能有效分散银行投融资功能过于集中的风险，改善银行的资产负债比例，优化金融资产结构。此外，基金通过为保险资金提供专业化的投资服务和投资于货币市场，促进了保险市场和货币市场的发展壮大，增强了证券市场与保险市场、货币市场之间的沟通，改善了宏观经济政策和金融政策的传导机制，完善了金融体系。

（3）基金为社会保障体系的改革与完善提供了技术支持和制度保障。从国际上看，绝大部分国家养老基金是通过市场化的专业机构来管理的，其中相当部分资金是通过购买基金的形式来进行保值和增值。同时，基金为养老基金带来了良好的回报。在中国，基金的专业化服务，为全国社保基金、企业年金等各类养老金提供了保值增值的平台，促进社会保障体系的建立与完善。目前，中国基金管理公司已参与了全国社保基金的投资管理，取得了较好的效果，促进了社保基金资产的保值增值。

（4）基金能够满足家庭投资多元化的需要，成为众多家庭重要的金融资产之一。金融是经济的核心，家庭是社会的细胞。从美国、英国、日本等国的经验看，当经济发展到一定水平后，家庭可支配收入增加，家庭的理财观念增强，相应产生了对金融产品多样化的内在的需求。中国资本市场发展使家庭告别单一的银行储蓄阶段，为多样化资产选择提供了可能。引导富裕后的家庭将闲置资金转化为投资，积极推动家庭以闲置资金投资资本市场，促进中国家庭金融资产结构趋于合理化，改变目前中国全社会金融资源过度集中于银行体系的现状，有利于直接融资与间接融资在中国的协调发展，有利于化解中国金融体系的整体风险，从而提高金融资源的配置效率。

第三章 我国资本市场结构的功能绩效评价理论基础

第一节 资本市场总体功能绩效评价的理论概述

一、资本市场有效性假说

早在有效市场假说被正式提出以前，人们就已经观测到证券价格随机波动的特性。已知最早对资产价格行为模式进行研究的学者是法国数学家Louis Bachelier，在他的博士论文《投机理论》（*Theory of Speculation*）中，发展了一个复杂的投机价格数学理论，接着，他用法国政府债券的定价检验了这个理论，并发现这些价格与随机漫步模型一致。在Bachelier之后，Working（1934）、Cowles和Jones（1937）及Kendall（1953）等的一系列研究相继发现，证券资产价格变化的时间序列自相关系数基本为零，价格没有确定性模式可循，可以用“随机行走”（Random Walk）来描述。

在大量实证检验的基础上，经济学家们开始寻找导致价格随机波动特性的内在原因。1970年，在Paul Samuelson（1965）、Mandelbrot（1966）理论研究的基础上，美国著名的金融学家Fama正式提出了有效市场假说（Efficient Market Hypothesis）。根据Fama（1970）的定义，如果一个市场当中的价格总能及时充分地反映全部可得信息，那么这个市场就是“有效率”的。由于信息流是随机不可预测的，所以价格波动就相应表现出随机性。在Fama（1970）这篇论文中，正式提出了一个被广为接受的有效市场定义：如果在一个证券市场中，价格完全反映了所有可获得（利用）的信息，每一种证券的价格都永远等于其投资价值，那么就称这样的市场为有效市场（或者说我们认为市场达到了市场有效性，每一种证券都是按公平价格出售，任何谋略寻找被错误估值证券的努力都是徒劳的。从经济学意义上讲，市场有效性是指没有人能持续获得超额利润）。Fama 根据信息的可获得程度，将有效市场划分为以下三个层次：

（1）弱式有效市场（Weak Form Efficient Market），是有效市场的最低层次。在弱式有效市场中，投资者不可能从股票历史价格数据中发现被错误定价的股票，并通过买卖这些股票来获利。股票价格已经根据这些信息作了相应的调整。但在弱式有效市场中，投资者不可能运用这些技术分析来寻找获取超额收益的机会。投资者只能获得与所承担风险相对应的正常收益，投资者无法利用过去的证券价格分析去获得超额利润。在弱式有效市场中，股票价格变动与其历史行为方式是独立的，则股价变动的历史时间序列数据呈现出随机游走形态。

（2）半强式有效市场（Semi - Strong Form Efficient Market），是有效市场的第二层次。其特征是：证券的现行价格反映了所有已公开的信息，这些信息不仅包括证券价格和交易量等历史信息，而且包括所有公开发表的最新信息，如公司收益、股利分配拆股和利率、汇率等宏观指标等。在半强式有效市场上，证券价格会迅速、准确地对新信息进行及时而充分的调整，使所有相关公开信息都充分地反映在价格中，投资者不能利用任何公开信息赚取超常利润，这也意味着在一个半强式有效的市场上基本面分析失效。

（3）强式有效市场（Strong Form Efficient Market），是有效市场的最高层次。其特征是：证券的价格充分反映了已公开和未公开的所有信息，这些信息不仅包括历史信息和公开信息，而且包括内幕信息和私人信息。因此，在强式有效市场上，投资者即使掌握内幕信息也无法获得超额收益，这意味着在一个强式有效市场上任何分析都将失效。

二、资本市场有效性假说检验

根据 Fama 的定义，如果市场中的价格已充分反映了可得信息，那么这个市场就是有效的。其中，弱有效（Weak Form Efficient）是有效市场的第一个层次，如果当前价格已完全反映了过去的价格信息，那么这就是

弱有效。弱有效假说的推论就是过去的价格对未来价格没有预测能力，人们无法根据过去的价格信息进行有价值的预测。弱有效假说的数学表达式就是：$E(X_{t-1}|\phi_t)=X_t$，其中 ϕ_t 为 t 时刻的价格信息集。由这个表达式可以看出，弱有效过程是一个鞅过程，即弱有效与鞅过程是等价的。很显然，仅根据这个鞅性质是很难进行实证检验的，所以，传统上是对具有鞅性质的随机行走模型进行检验。

一般地，设 P_t 表示 t 时刻的价格，设 r_t 表示对数收益率，$r_t=\ln P_t-\ln P_{t-1}$，那么弱有效市场的价格可以用如下随机行走模型来描述：$P_t=P_{t-1}+\varepsilon_t$，$\varepsilon_t$ 是一个随机变量；或 $r_t=\varepsilon_t$，此时 ε_t 是对数形式。根据对随机变量 ε_t 的不同假定，形成了如下三种不同的随机行走模型：

（1）（RW_1）ε_t 是独立同分布的，$E(\varepsilon_t)=0$，$Var(\varepsilon_t)=\delta^2$，$Cov(\varepsilon_s,\varepsilon_m)=0$；

（2）（RW_2）ε_t 是独立的，但分布不一定相同；

（3）（RW_3）ε_t 是不相关的，即只要求 $Cov(\varepsilon_s,\varepsilon_m)=0$，$s\neq m$。可以看出，从 RW_1 到 RW_3，模型对 ε_t 的要求越来越弱。

根据以上三种不同的随机行走模型，计量检验的方法也有不同。RW_1 模型要求残差项独立同分布，因此，传统上常采用自相关系数检验和游程检验等方法；由于在不假设同分布的情况下去检验序列的独立性是相当困难的，因此对 RW_2 模型一直没有合适的检验方法，虽然有文献采用过滤法则或技术分析方法来检验序列的随机性，但这两种方法都很难进行严格的统计显著性检验。至于 RW_3 模型，由于没有独立、同分布的要求，只对序列的自相关性进行检验，因此，目前最常用的是方差比检验。

1. 自相关检验

如果一个时间序列是随机游动，那么序列自相关现象应当不存在或者说自相关系数很弱。因此，对随机游动模型最直接的检验方法就是看序列的自相关程度，如果样本自相关系数为零，那么就无法拒绝随机行走假设。定义自相关系数：$\rho_k=\frac{Cov(r_t,\ r_{t-k})}{Var(r_t)}$，k 为滞后期数。那么统计量 x 的渐近分布为一个标准正态分布：$\chi=\frac{n}{\sqrt{n-k}}\hat{\rho}_k\xrightarrow{\alpha}N(0,\ 1)$。如果要对所有滞后期的自相关系数进行同时为零的联合检验，就要使用 Ljung - Box（1978）Q 统计量：$Z(q)=\frac{VR(q)-1^a}{\phi(q)^{1/2}}\sim N(0,\ 1)$，在独立同分布假设下，Q 服从自由度为 m 的卡方分布：$Q \sim \chi^2(m)$，m 是最大滞后期数。

如果序列服从随机游走，则统计量 Q 均接近 0。可证 Q 统计量服从自由度为 m 的卡方分布。因而，在给定显著性水平下，当统计量的绝对值大于临界值，则拒绝原假设，认为该序列不符合随机游走模型，市场未达到弱势有效，反之则认为市场达到弱式有效。

2. 异方差检验

自 Engle（1982）以后，大量的实证已经发现，金融资产的收益率序列常常存在波动集群性（Volatility Clustering），其外在表现为随机扰动项往往在大幅度波动之后伴随着较大幅度的波动，而在较小幅度波动之后紧接着较小幅度的波动。这种波动集群性特征明显是序列存在异方差的证据。上文已经提到，在三类随机行走模型中，第二类和第三类随机行走模型允许存在异方差情况。因此，如果我们能在对回报率序列建模之前先进行异方差检验，则可以有针对性地选择某一类随机行走模型，增强结论的说服力。

对收益率序列是否存在条件异方差效应（ARCH）进行检验，通常采用 Engle（1982）提出的拉格朗日乘子检验法（Lagrange Multiplier Test），简称 LM 检验。LM 检验的一般方法是先对收益率序列进行 AR（c）自回归估计，得到拟合优度 R^2 在不存在 ARCH 的原假设下，统计量 nR^2 服从于自由度为 q 的 χ^2 分布，在选定的显著性水平下，当 n 扩值大于 χ^2 分布的临界值时，则拒绝不存在 ARCH 的原假设，即认为存在 ARCH 效应。

3. 游程检验

游程检验作为一种非参数检验方法，通过检验序列中是否存在的自相关性，以检验该序列是否是随机的。如果序列的游程数显著小于随机序列游程数的数学期望，则说明该序列呈现出持续的随趋势变动的特征，具有正的自相关性，容易发生同方向的持续变化；反之，如果该序列的游程数显著大于随机序列游程数的数学期望，则说明该序列具有负的自相关性，呈现出反转和均值回复的特征。如果价格变化是随机的，那么实际游程数目应与游程数的期望值相同。如果两者相差不大即可判断各期股价变动并无关联。反之，如果两者差异较大则可以认为各期股价的变动具有相依性。

一个游程就是一个相同的符号序列，如“+ + +”，“- -”等，符号序列“+ + + - - - + + -”就包括了四个游程。在价格的变动值序列中，如果变动值为正数（即价格上升），则取“+”，如变动值为负数则取“-”，如变动值为零，则取“0”。由于游程检验是在独立同分布的前提条件下进行的，所以游程检验可看作是针对 RW_1 随机行走模型的检验。

根据 Mood（1940）对游程检验的全面分析，设 n 个独立同分布的样本分别以概率 $\pi_i(\sum_{i=1}^{q}\pi_i = 1, i = 1,2,\cdots,q)$ 在 q 个可能的值中取值，回报率分为两种情况：i=1 表示回报率为正数的情况，i=2 表示回报率为负数的情况。设 $N_{run}(i)$ 表示第 i 种符号的游程数，N_{run} 表示总游程数，则 $N_{run} = \sum N_{run}(i)$。期望游程数 $E(N_{run}) = 2n\pi(1-\pi) + \pi^2 + (1-\pi)^2$，$\pi$ 为符号取正的概率。统计量 Z 的渐近分布为标准正态分布：

$$Z = \frac{N_{run} - 2n\pi(1-\pi)}{2\sqrt{n\pi(1-\pi)[1-3\pi(1-\pi)]}} \sim N(0,\ 1)。$$

4. 方差比检验

方差比检验的方法由 L_0 和 Mackinlay（1988）发展而来，这种方法的基本思想是，在一个随机行走序列中，长度为 q 期的收益率的方差应该是单期收益率方差的 q 倍。由于它是以随机变量独立为假设前提，而且给出了同方差和异方差下的统计量，所以，这种检验方法可以分别针对 RW_1 类型和 RW_3 类型的随机行走模型进行检验，其最常用来对 RW_3 型随机行走模型检验。设随机漫步模型为：$P_t = u + P_{t-1} + \varepsilon_t$，u 为漂移量。相隔 q 期的对数差分形式为：$\ln P_{t+q} - \ln P_t = uq + \sum \varepsilon$ 写成收益率形式为：$r_{t+q}^q = uq + \sum \varepsilon$，第 q 期收益率 r^q 有如下统计性质：$E(r^q) = uq$，$Var(r^q) = \delta^2 q$，我们定义方差比为：$VR(q) = \frac{Var(r_t^q)}{q \times Var(r_t)}$。考虑 q = 2 的情况，$VR(2) = \frac{Var(r_t^2)}{2 \times Var(r_t)} = \frac{Var(r_t + r_{t-1})}{2Var(r_t)}$，$VR(2) = 1 + 2\rho(1)$，$\rho(1)$ 为原收益率序列的一阶自相关系数。

推广到一般意义上，$R_q = 1 + 2\sum_{k-1}^{q-1}\left(1 - \frac{k}{q}\right) \times \rho(k)$，可见方差比实质上是原序列前 q-1 阶自相关系数的线性组合，当自相关系数为零时，方差比 VR(q) =1 在允许使用重叠数据的情况下，对应同方差假设和异方差假设下的统计量分别为：

$$A: Z_q = \frac{VR(q) - 1^a}{\phi^{1/2}(q)} \sim N(0, 1)，其中\ \phi(q) = \frac{2(2q-1)(q-1)}{3q(nq)};$$

$$B: Z^*(q) = \frac{VR(q) - 1^a}{\phi^*(q)^{1/2}} \sim N(0, 1)，其中\ \phi^*(q) = \sum_{j=1}^{q-1}\left[\frac{2(q-j)^2}{q}\right].\hat{\delta}(j),$$

$$\hat{\delta}(j) = \frac{\sum_{t=j+1}^{nq}(p_t - p_{t-1} - \hat{u})^2(p_{t-j} - p_{t-j-1} - \hat{u})^2}{[(p_t - p_{t-1} - \hat{u})^2]^2}$$

5. 事件研究方法（中强式有效性检验）

对事件的定义：很显然，事件研究首先必须要明确定义要研究的是何种事件。事件可以是公司宣布盈利公告、股票分割等与单个公司有关的事件，也可以是宏观数据的公布、宏观政策的变化等宏观事件。

决定正常回报率模型和计算异常回报率：为了评价事件对价格的影响程度，需要对异常回报率进行度量。异常回报率指的是在事件窗口内证券的真实回报率超出正常回报率的部分，而正常回报率指的是在无事件发生的假设下证券价格的期望回报率。二者的关系可用下式表示：$AR_t = R_t - E(R_t)$，其中，AR_t 代表异常回报率，R_t 代表真实的回报率，$E(R_t)$代表正常回报率。有两个被经常使用的正常回报率模型——常均值回报率模型和市场模型。常均值回报率模型的一般表达式如下：$R_t = \mu + \varepsilon_t$，$E(\varepsilon_t) = 0$，$Var(\varepsilon_t) = \delta^2$。市场模型的一般表达式如下：$R_t = \alpha + \beta \times R_{mt} + \varepsilon_t$，$E(\varepsilon_t) = 0$，$Var(\varepsilon_t) = \delta^2$，其中 R_{mt}代表市场的回报率。一般来讲，以市场整体价格变化为对象的研究中多用常均值回报率模型，而以单个证券价格为对象的研究中，采用市场模型的居多。

决定估计窗和事件窗：为了得到正常回报率模型中的参数值，需要使用某一段时间的样本数据进行回归估计，这一用来估计模型参数的时间段即为估计窗。事件窗则是取事件发生前后的一段时间，事件窗内的价格变化是事件研究的考察对象。

统计检验：设事件窗内每日的异常回报为：

$AR_{i,t} = R_{i,t} - E(R_{i,t})$，$i = 1, 2, \cdots, N$，N 为事件总数。则每日累计异常回报率为：$\overline{CAR_t} = \frac{1}{N}\sum_{i=1}^{N} CAR_{i,t}$，统计量 $t = \frac{\overline{CAR_t}}{\delta^*(CAR_t)}$服从为N－d的 t 分布。

第二节　我国股票市场功能绩效评价的理论模型

一、股票市场影响经济增长的消费需求机制——股票的财富效应

财富效应（The Wealth Effect）最早由美国经济学家庇古提出，故又称为“庇古效应”，或“实际余额效应”，是现代社会发展过程中提出的新理念，指某种财富的累积存量达到一定规模后，必然产生对相关领域的传导效应或者是控制效应。股票的财富效应可以理解为，由于股票价格的上涨（或下跌），导致股票持有人财富的增长（或减少），进而促进（或抑制）消费增长，影响短期边际消费倾向（MPC），促进（或抑制）经济增长的效应。

假定经济中只存在两个部门——家庭和企业，即不存在政府和对外贸易部门。凯恩斯主义的消费函数可以表示为 $C = C_0 + bY_d = C_0 + bY$。这里，$C_0$ 代表计划消费量，b 代表边际消费倾向 MPC，Y_d 代表（个人）可支配收入，Y 代表国内生产总值 GDP。则有 $Y_d = Y$，消费 + 投资 = 国内生产总值 = 消费 + 储蓄，即 $C + S = Y = C + I$。股票市场通过消费需求促进经济增长的传导机制主要表现在以下两个方面：

第一，假定长期边际消费倾向（Marginal Propensity to Consume, MPC）为常数时，“财富效应”通过股票价格的上涨（或下降）来影响居民实际可支配收入，刺激消费需求的增长，进而推动经济增长。如果股票价格上涨：一方面，使股票市场投资者直接获利，提高居民可支配收入，进而促进了消费需求增加；另一方面，股票价格上涨，改善企业经营状况、提高企业生产效率，降低失业率，提高居民可支配收入，进而促进了消费需求增加。即 P↑→（企业生产效率↑）→Y_d↑→C↑→经济增长。

第二，通过股票价格的上涨（或下降）来影响居民对未来收入的预期，改变居民的边际消费倾向 MPC，进而刺激消费需求的增长。即 P↑→收入预期↑→边际消费倾向 MPC↑→Y_d↑→C↑→经济增长。

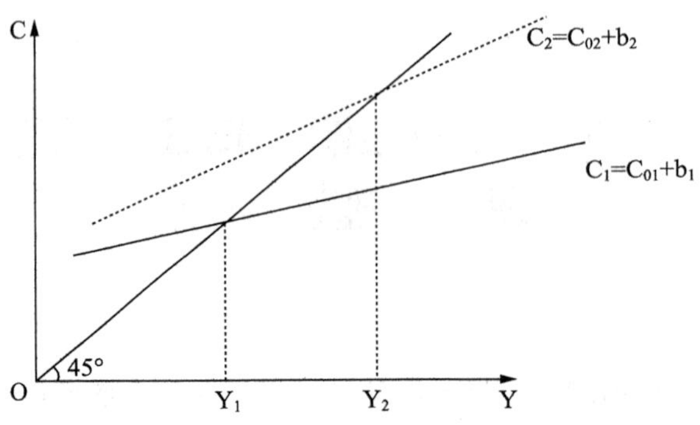

图 3-1 股票市场通过消费需求促进经济增长

C_1、C_{01}、b_1 分别代表原消费曲线、计划消费量和国民收入对应的边际消费倾向；C_2、C_{02}、b_2 为股票价格上涨的消费曲线，变化后的计划消费量和变化后的边际消费倾向。可以看出，在不考虑投资变化的情况下，股票价格的上涨使得消费曲线由 C_1 移向 C_2，产出水平也由原来的 Y_1 增加到 Y_2。

二、股票市场影响经济增长的投资需求机制——托宾 Q 理论

在两部门经济条件下，计划支出（$AE=C+I$）等于国民收入（$Y=C+S$），从而由投资 I 恒等于储蓄 S。股票市场的一个重要功能就是将经济体系中的储蓄不断地转化为投资，促进投资需求的增长。诺贝尔经济学奖得主詹姆斯·托宾（James Tobin）提出了著名的托宾 Q 理论。托宾的 Q 比率是指公司市场价值 MV 与重置成本 RC 的比率：$Q=MV/RC$。当$Q>1$ 时，说明企业的市场价值高于企业的重置成本，股票价值被高估，套利空间形成，逐利性会驱使股东抛售股票，资金将从金融市场流向产业市场。当 $Q=1$ 时，金融市场和产业市场的套利空间消失，资本将处于动态平衡状态。当 $Q<1$ 时，表示企业的重置成本高于企业的市场价值，价值被低估，资本将更愿意投资金融产品。托宾的 Q 比率反映的是一个企业两种不同价值估计的比值。分子上的价值是金融市场上所说的公司值多少钱，分母中的价值是企业的“基本价值”——重置成本。公司的金融市场价值包括公司股票的市值和债务资本的市场价值。重置成本是指今天要用多少钱才能买下所有上市公司的资产，也就是指如果我们不得不从零开始再来一遍，创建该公司

需要花费多少钱。

根据托宾Q理论的股票市场传导机制为：股票价格↑→Q↑→投资支出↑→总产出↑。

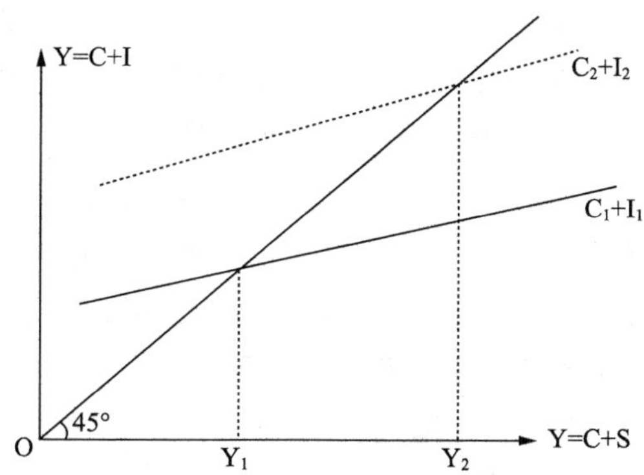

图3-2 股票市场通过投资需求促进经济增长

C_1、I_1 分别表示股票价格变化前的消费和投资；C_2，I_2 分别表示股票价格变化之后的消费和投资。

第三节 我国债券市场功能绩效评价的理论模型

一、宏观变量对债券回报的回归分析法分析

由于影响国债价格的因素主要是与利率和物价水平有关的宏观变量，因此，理论界一直关注宏观变量对国债价格的预测能力。从有效市场假说的角度来看，宏观经济变量是一种公开信息，属于半强有效研究的范围。如果这些公开信息对国债价格有预测能力，则说明国债价格未能及时充分地反映这些信息；换言之，国债市场未达到半强有效层次；反之，则不能拒绝半强有效的假设。

Modigliani－Sutch（1967）提出了如下模型：$R_t=a_0+\beta_0 r_t+\sum_{i=1}^{n}\beta_i r_{t-i}+\varepsilon$。其中，$R_t$ 为长期国债的到期收益率，r_t 为市场短期利率。用以检验短

期利率的滞后项对长期国债到期收益率的预测能力。在该模型的基础上 Modigliani－Shiller 进行了扩展，提出了如下模型：$R_t = \alpha_0 + \beta_0 r_t + \sum_{i=1}^{n} \beta_i r_{t-i} + \gamma_0 P_{t-i} + \varepsilon_i$，其中，$R_t$ 和 r 的含义同上，P 代表物价水平。通过以上两个模型，Modigliani 等发现过去的利率水平和通胀水平对长期利率（长期国债的收益率）的变动有显著影响。在此以后，学者们又作了大量的研究工作，对不同国家的国债市场进行了实证分析。其中部分实证发现宏观变量无法预测国债价格，从而无法拒绝半强有效假设。如 Pesando（1978）采用同样的以上两个模型，检验了 1961 年第一季度到 1976 年第四季度的加拿大长期国债的到期收益率同滞后期的短期利率与物价水平的关系，发现两个自变量对长期国债的到期收益率的变动没有显著的解释能力。Mishkin（1981）分析了美国国债市场 1957～1976 年的季度数据，发现滞后六期的名义短期利率和物价水平对长期国债的超额回报无预测能力。Deaves（1997）对加拿大国债市场数据分析，采用 1960～1994 年的季度数据，也发现短期利率、货币供应量和 GDP 的增长率这两个变量的滞后值对短中长期国债的超额回报都没有显著的预测作用。但 Deaves 发现股票市场状况和期限溢价对国债的超额回报有显著预测作用。Cochrane 和 Piazzesi（2005）还发现，在美国债券市场上，利用一些常见的宏观经济变量信息无法提高对债券回报率的预测能力。换言之，常见的宏观经济变量信息已经充分反映在当前的利率期限结构中。

根据货币学派的观点，通货膨胀是一种货币现象，货币供给增加可能会造成物价上涨，同时会使利率水平下降，因此两个变量之间可能存在相关关系，为避免将两个变量同时进入方程造成多重共线性问题，分别对两个变量建模。回归方程如下：$H_t - r_{f,t} = \phi + \sum_{i=1}^{4} \alpha_i r_{t-i} + \varepsilon_t$；$H_t - r_{f,t} = \phi + \sum_{i=1}^{4} \beta_i CPI_{t-i} + \varepsilon_t$。其中，$H_t$ 为 t 时期的持有期回报，$r_{f,t}$为无风险利率，取上期末银行间市场一个月回购利率的加权平均收益价（原价格为年度收益率，本书已转化为月度收益率）。r_t 为短期利率，取银行间固定利率国债收益率曲线 0.5 年期对应的到期收益率的一阶差分。CPI_{t-i}为滞后 i＝1，2，3，4 期的消费者物价水平同比增长率的一阶差分。

二、哈罗德—多马经济增长模型

经济增长模型指的是经济增长的理论结构，它所要说明的是经济增长与有关经济变量之间的因果关系和数量关系。对经济增长的不同理论分析构成了不同的经济增长模型。这里，我们主要介绍一个著名的经济增长模型，即哈罗德—多马经济增长模型。

1. 哈罗德—多马经济增长模型的假定

英国经济学家哈罗德与美国学者多马几乎同时提出自己的经济增长模型。由于两者在形式上极为相似，所以称为哈罗德—多马模型。两者的区别在于哈罗德是以凯恩斯的储蓄—投资分析方法为基础，提出资本主义经济实现长期稳定增长模型；而多马模型则以凯恩斯的有效需求原理为基础，得出与哈罗德相同的结论。哈罗德—多马模型考察的是一国在长期内实现经济稳定的均衡增长所需具备的条件。

这里所讨论的基本形式的哈罗德—多马模型的假定条件包括：

（1）不存在货币部门，且价格水平不变；

（2）劳动力按不变的、由外部因素决定的速度 n 增长，即$\frac{dy}{dt}/N = n =$常数；

（3）社会的储蓄率，即储蓄与收入的比率不变，若记 S 为储蓄，s 为储蓄率，则$\frac{S}{Y} = s =$常数（Y 为收入）；

（4）社会生产过程只使用劳动 N 和资本 K 两种生产要素，且两种要素不能互相替代；

（5）不存在技术进步。

根据假定（4），生产函数可以写为：

$$Y = Y(N, K) = \min(VK, ZN) \tag{1}$$

其中，参数$V = \frac{Y}{K}$为产出—资本比；$Z = \frac{Y}{N}$为产出—劳动比；V 和 Z 为固定的常数。

2. 产出和资本

根据上面的说明，由$V = \frac{Y}{K}$可得：

$$Y = VK \tag{2}$$

对式（2）关于时间 t 求微分有：

$$\frac{dY}{dt}=V\frac{dK}{dt} \tag{3}$$

式（2）说明，经济中供给的总产出等于产出—资本比乘以资本投入。式（3）则说明，总产出随时间的变化率由产出—资本比和资本存量变化率（即投资水平）所决定。

另外，在只包括居民户和厂商的两部门经济中，经济活动达到均衡状态时，要求投资等于储蓄，即：

$$I=S \tag{4}$$

根据假定条件，有 $S=sY$。而 $I=\frac{dK}{dt}$，故式（4）变为：

$$\frac{dK}{dt}=sY \tag{5}$$

将式（5）代入式（3），并对其进行变形，有：

$$\frac{dY/dt}{Y}=Vs \tag{6}$$

式（6）就是在资本得到充分利用条件下总产出的增长率所必须满足的关系。在都 V 和 S 为常数的条件下，式（6）的解为：

$$Y=Ae^{Vst} \tag{7}$$

式中，A 为常数；t 为时间；e 为数学中自然对数的底数（$e\approx 2.718$）。

为了进一步认识式（6）所示的增长率的意义，将式（2）代入式（5），并对其进行整理，得：

$$\frac{dK/dt}{K}=Vs \tag{8}$$

比较式（6）和式（8）可知，为了使资本得到充分利用，总产出 Y 与资本 K 必须同步增长，其增长率由储蓄率和产出—资本比确定。按照哈罗德的说法，这一增长率被称为有保证的增长率，记为 G_W，即 $G_W=V_S$。至此，已建立了资本得到充分利用时经济增长的条件。

第四节 我国基金市场功能绩效评价的理论模型

一、现代证券组合模型

（一）Markowitz 均值—方差模型

1952 年 Markowitz 在其文章 *Portfolio Selection* 中开创性地提出了证券组合投资理论，从而将计量分析引入了金融领域，这也为资产定价理论奠定了稳固的基础。Markowitz 认为证券投资组合选择是为了实现风险一定的情况下收益最大化或收益一定的情况下风险最小化，并提出使用证券组合收益率的均值和方差来度量其风险。正是由于这一伟大创新，Markowitz 在 1990 年获得了诺贝尔经济学奖。这一模型的基本假设有：①证券市场是有效的，即证券价格本身就已经反映了证券市场的所有已知信息，并且证券价格趋向于均衡价格。这一假设也反映了投资者是理性的，掌握了各种证券的完全信息，包括证券的期望收益率和方差。②证券投资者通过证券期望收益率的大小来度量投资收益的水平，通过证券期望收益率的方差来度量证券投资的风险，并且每种证券的收益率都服从正态分布。③投资者都是风险规避型的，即都在给定风险下追求收益率的最大化，或者在给定是收益率水平上追求风险的最小化。④用相关系数或者收益率之间的协方差来度量各证券收益率之间的相关性。

资产组合的均值—方差模型为：

目标函数：$\min \delta^2 = X^T P X$

限制条件：$\begin{cases} X^T Q = Q_0 \\ E^T X = 1,\ X_i \geqslant 0 \text{（不可以卖空）} \quad i = 1, 2, \cdots, m \\ E^T X = 1 \text{（可以卖空）} \end{cases}$

其中，δ^2 表示证券组合收益率的方差；$X = (x_1, x_2, \cdots, x_m)^T$ 表示证券投资资产在投资组合中所占的比例向量；P 为 m 种证券收益率的协方差；$Q = (r_1, r_2, \cdots, r_m)^T$ 为 m 种证券收益率的期望值向量；Q_0 为证券投资组合的期望收益率；$E = (1_1, 1_2, \cdots, 1_m)^T$ 为单位向量。

（二）资本资产定价模型（CAPM）

资本资产定价模型（Capital Asset Pricing Model）是 Treynor（1961）、Sharpe（1964）、Lintner（1965）、Mossin（1966）等提出的对 Markowitz 的均值—方差模型的一种简化计算模型。威廉·夏普（Sharpe）研究最佳投资组合时，提出简化方差—协方差矩阵中的非对角线元素的方法，即单指数模型。把 β 值来作为衡量市场风险系数，所以资本资产定价理论又称为 β 值理论。

资本资产定价模型可建立线性回归模型：

$$E(R_i) = R_f + \beta_i[E(R_m) - R_f]$$

$$\beta_i = \frac{Cov(R_i, R_m)}{(R_m)^2}$$

其中，$E(R_i)$表示证券 i 在时期 t 内的期望收益率；R_f 表示无风险证券收益率；$E(R_m)$表示证券组合的期望收益率；$Cov(R_i, R_m)$代表证券 i 的收益率与证券组合收益率的协方差；β_i 表示第 i 证券的系统风险系数，即该证券收益率对整个市场波动的反应程度，常被称为“β 系数”；β 系数是某种证券的收益的协方差与证券组合收益的方差的比率，可看作单个证券收益率对证券组合收益波动的敏感度，从上式可以看出，一种证券的收益与其 β 系数是呈正比例关系的。对应一元回归方程：

$$E(R_i) = R_f + \beta_i[E(R_m) - R_f] + e_i$$

$$D(R_i) = \beta_i^2\delta^2 + \delta^2(e_i)$$

其中，$\beta_i^2\delta^2$ 表示资产组合的市场风险；$\delta^2(e_i)$ 表示资产组合是非市场风险。从上式可以得出，证券的 β 值越大，其风险越高，如果证券的风险系数 β =1，那么，这种证券的风险程度与整个市场的风险程度相同。

Sharpe 的资本资产定价模型极大地简化了 Markowitz 模型的计算，但是它的假设还是基于 Markowitz 模型，也存在许多不足之处。β 系数的度量以易变性为基础，通过方差和协方差计算得到，因此存在 Markowitz 模型同样的不足问题。

（三）证券组合风险的下偏矩计量模型

为了克服方差在计量风险方面的不足，人们开始使用 LPM_q（Lower Partial Moments）方法来计算风险，它属于下方风险（Downside - Risk）的一种。这种方法只把小于目标收益率 h（即收益率左尾部分的某种“矩”）的收益率作为风险衡量的计算因子，也就是把损失作为风险的计

算因子，更为科学地反映了投资者的心理感受。如果已知某一离散证券组合收益率为 R_p 和投资者的目标收益率为 h，则 LPM_q 可以表示成：

$$LPMq = \sum_{R_p=-\infty}^{h} P_p(h-R_p)^q$$

其中，P_p 为证券投资组合收益 R_p 发生的概率；q 的值为（0，1，2），其作为某种“矩”的类型；LPM_0 表示低于目标收益率 h；LPM_1（单边离差的均值）表示目标不足；LPM_2（偏差平方的概率加权）表示目标测量的偏差；1991 年，Harlow 在 *Finaneial Analysts Joumal* 上发表的文章 *Asset allocation in a downside risk framework* 以下偏矩为风险计量指标，提出了均值—下偏矩结构下的证券投资组合优化模型：

$$minLPM_q(h;w) = \sum_{R_p<h}^{h} \frac{1}{n-1}(h-R_p)^q$$

$$s.t. \begin{cases} \sum_i w_i E(R_i) \geqslant R_p^* \\ \sum_{i=1} w_i = 1, w_i \geqslant 0 \end{cases}$$

其中，q = 1，2；LPM(h；w)是下偏差风险；w_i 是分配给证券 i 的投资比重；R_i 表示证券投资收益率的随机变量；$E(R_i)$ 是 R_i 的期望值。Harlow 的下偏差模型是在满足期望收益率的水平下，追求最小下偏矩的投资组合，它提供了比 Markowitz 模型更多的下方损失保护。

二、单因素整体绩效评估模型

20 世纪 60 年代开始，随着基金业的发展，对证券投资基金风险和收益的测量也引起了学术界的极大关注。为了简化 Markowitz 模型，许多业绩评价方法应运而生，其中，以 Treynor（1965）、Sharpe（1966）及 Jensen（1968）的三个指标模型为代表。目前，这三种以 CAPM 为理论基础的基金绩效评价模型，大大简化了基金整体绩效评估的复杂性，在西方发达国家基金表现测评中运用最为流行，称为单因素整体绩效评估模型。

（一）特雷诺（Terynor，1965）指数基金绩效评价模型

Treynor 利用美国 1953 ~ 1962 年间 20 只基金（含共同基金、信托基金与退休基金）的年收益率资料，进行基金绩效评估的实证研究，用单位系统性风险的超额收益率作为基金绩效评估指标，即 Treynor 指数。计算公式为：

$$T_p = \frac{\overline{R_p} - \overline{R_f}}{\beta_p}$$

其中，R_p 为基金投资组合在样本期内的平均收益率，$\overline{R_f}$为样本期内的平均无风险利率。$\overline{R_p} - \overline{R_f}$为基金投资组合在样本期内的平均风险溢酬，$\beta_p$ 为投资组合的系统风险。T_p 为 Treynor 绩效评价指标，其含义是每单位系统风险资产所获得的超额报酬（超过无风险利率）。特雷诺（Terynor）指数评估法隐含了非系统风险已全部被消除的假设，在这个假设前提下，因为 Treynor 指数是单位系统风险收益，因此它能反映基金经理的市场调整能力。不管市场是处于上升阶段还是下降阶段，较大的 Treynor 指数总是表示较好的绩效。

基准市场的特雷诺业绩指数 T_I 的计算公式为：

$$T_I = \frac{\overline{R_I} - \overline{R_f}}{\beta_I}$$

其中，β_I 为证券市场线 SML 的斜率。将基金投资组合的特雷诺业绩指数 T_p 与相应的基准市场的 T_I 值相比可以得到基金的收益风险坐标相对于证券市场线的位置。当基金的 T_p 大于相应的基准市场的 T_I 值，那么它的收益—风险坐标就位于证券市场线 SML 之上，这说明基金的风险调整绩效更好；当基金的 T_p 小于相应的基准市场的 T_I 值，那么它的收益—风险坐标就位于证券市场线 SML 之下，这说明基金的风险调整绩效不如基准市场。

（二）夏普（Sharpe，1966）指数基金绩效评价模型

威廉·夏普（W. F. Sharpe）在对美国 1954 ~ 1963 年间 34 只开放式基金的年收益率资料进行绩效的实证研究时，提出用单位总风险的超额收益率来评价基金业绩，即著名的 Sharpe 指数。它是把资本市场线 SML 作为评估标准，是在对总风险进行调整基础上的基金绩效评估方式。夏普认为对于管理较好的投资基金，其总风险可能接近于系统性风险，而对于管理不好的投资基金，其总风险可能因非系统性风险不等而相去甚远。因此夏普用单位总风险所获得的超额收益率即“夏普指数”来评价基金的业绩。

计算公式为：

$$S_p = \frac{\overline{R_p} - \overline{R_f}}{\delta\ (R_p)}$$

其中，S_p 为 Sharpe 绩效指标，$\overline{R_p}$为表示一定时期内基金 P 的平均收益率，$\overline{R_f}$表示一定时期内无风险资产的平均收益率，$\delta(R_p)$表示基金 P 收益率的标准差。

基准市场的夏普业绩指数为：$S_I = \frac{\overline{R_I} - \overline{R_f}}{\delta\ (R_I)}$

夏普业绩指数的含义是每单位总风险资产所获得的超额报酬（超过无风险利率）。夏普业绩指数越大，基金绩效就越好。

Sharpe 指数和 Treynor 指数一样，能够反映基金经理的市场调整能力。但与 Treynor 指数不同的是，Treynor 指数只考虑系统风险，而 Sharpe 指数同时考虑了系统风险和非系统风险，即总风险。因此，Sharpe 指数还能够反映基金经理分散和降低非系统风险的能力。如果证券投资基金已完全分散了非系统风险，则 Sharpe 指数和 Treynor 指数的评估结果是一样的。

（三）詹森（Jensen，1968）指数基金绩效评价模型

迈克尔·詹森（Michael C. Jensen）利用美国 1945 ~ 1964 年 115 只基金的年收益率资料以及 S&P500 计算的市场收益率进行实证研究，并提出了一种评价基金业绩的绝对指标，即詹森指数。詹森指数是通过比较评价期的实际收益和由 CAPM 推算出的预期收益来进行评价的，计算公式为：$J_p = E(R_p) - [r_f + \beta_p(E(R_m) - r_f)]$。其中，$J_p$ 为 Jensen 绩效指标，$E(R_p)$为基金 p 投资组合的预期收益率；r_f 为无风险收益率，β_p 为基金投资组合的风险估计，$E\ (R_m)$ 为基金市场投资组合的预期收益率。将各期基金投资组合与无风险收益率的差额（$R_{p,t} - R_{f,t}$）和各期样本区间基准市场收益率与无风险利率的差额（$R_{m,t} - R_{f,t}$）进行回归：$R_{p,t} - R_{f,t} = a_p + \beta_p (R_{m,t} - R_{f,t}) + \mu_{p,t}$，其中，$a_p$ 表示基金实际收益率与$\overline{R_p} = R_f + \beta_p(\overline{R_m} - R_t)$的偏度数，是基金收益超过由 CAPM 决定的均衡收益量的值，也就是詹森业绩指数 J_p。它反映了基金与基准市场之间的绩效差异。当 $J_p > 0$ 时，表明基金 P 的绩效优于市场整体绩效，当基金和基金之间比较时，Jensen 指数越大越好；当 $J_p < 0$ 时，表明基金 P 的绩效劣于市场整体绩效；当 $J_p = 0$ 时，β_p 的值是 1，可以根据詹森业绩指数的高低对不同的基金和基准市场进行排序。

Jensen 模型奠定了基金绩效评估的理论基础，也是迄今为止使用最广泛的模型之一。但是，Jensen 指数评估基金整体绩效时假定了基金的非系统风险已通过投资组合彻底地分散掉，因此，该模型只反映了基金收益率

和系统风险之间的关系。如果基金并没有完全消除掉非系统风险，则 Jensen 指数可能会计算出错误信息。

（四）平均收益率法

证券投资基金作为一种大众化投资工具，基金资产的保值与增值是投资者的根本利益。对资产保值与增值进行刻画的最自然、最合理的指标是资产的增长率，在分析和计算中常用平均收益率（R_p）表示，它是指证券投资基金在一定样本区间内所取得收益的平均值，其计算公式为：

$$\overline{R_p} = 1/n \times \left(\sum_{t=1}^{n} R_{pt}\right)$$

$$R_{pt} = \frac{NAV_t - NAV_{t-1}}{NAV_{t-1}}$$

其中，$\overline{R_p}$表示一定时期内，基金 P 的平均收益率，R_{pt}表示基金 P 在 t 个样本期内的收益率，NAV_t 表示基金 P 在时期 t－1 末每单位的净值。

平均收益率在一定程度上反映了证券投资基金的绩效状况，可以根据平均收益率的高低对基金进行排序。

收益率评价法忽略了风险因素，用来评价基金管理人的盈利能力具有一定的局限性。现代投资理论的核心问题就是研究资产风险与收益之间的转换关系。一个理性的投资者总是希望承担较小的风险，实现较多的收益，也就是说，在风险水平一定的情况下，收益越大越好；在收益率一定的情况下，风险越小越好。因此，按风险水平对收益率进行调节来反映基金的绩效状况，就更合理、更有效。

三、基于 APT 的多因素基金绩效评价模型

1976 年 Ross 提出了一种替代性的资本资产定价理论，即套利定价理论（APT）。该理论比 CAPM 理论的假设条件少得多，更为简单且更加符合实际，得到的结果也与 CAPM 有很多相似之处。以 APT 模型为基础的多因素绩效衡量指标由于可以使人们对适合指数加以检验、对组合的绩效作出更好的衡量以及对业绩归属进行更好的分析而越来越受到重视。所以研究人员又以 APT 为基础的多因素模型来代替单因素模型进行基金绩效的评价。其中，Fama－French（1993、1996）、Carhart（1997）等的多因素模型最具代表性。

（一）Fama－French 三因素模型

自从 Sharpe 等提出 CAPM 以来，许多学者对它进行实证检验。大部

分检验结果发现 CAPM 存在明显的异常效应。主要的异常效应有：小规模和价值型的股票可获得较高的超常收益率。Lenman 和 Modest（1987）提出影响证券收益的因素还包括：市场平均收益率、股票规模、市盈率（P/E）、公司的账面个人价值与市场价值比（BE/ME）等。Fama 和 French 在 CAPM 模型的基础上，认为影响证券收益的因素除了上述因素外，还应包括按照行业特征分类的普通股组合收益、小盘股收益与大盘股收益之差（SML）等。因此，Fama 和 French（1993）以股票市场指数、公司规模、B/P 值为主要风险因素提出了著名的三因素模型。该模型以某一时期内市场组合的超额收益率（$R_{p,t}-R_{f,t}$）、基金投资组合中的小市值股票与大市值股票的收益率之差（SML）、高（BE/ME）与低（BE/ME）的股票收益率之差（HML）作为解释变量，以基金投资组合的超额收益率为被解释变量进行回归。表达式为 $R_{p,t}-R_{f,t}=a_p+\beta_1(R_{m,t}-R_{f,t})+\beta_2 HML+\beta_3 SML+\mu_{p,t}$，其中，$R_{p,t}$为在时期 t 内基金投资组合的收益率，$R_{f,t}$为该时期的无风险利率，$R_{m,t}$为市场组合的收益率。

（二）Carhart 的四因素模型

Carhart（1995）考察了 Titman 等（1993）发现的动量因素（Momentum Factor），在 Fama 和 French 三因素基准组合的基础上提出了四因素模型。公式如下：

$$R_{p,t}-R_{f,t}=a_p+\beta_{p1}(R_{m,t}-R_{f,t})+\beta_{p2}HML+\beta_{p3}SML+\beta_{p3}WML+\varepsilon_{p,t}$$

其中，$R_{p,t}$为在时期 t 内基金投资组合的收益率，$R_{f,t}$为该时期的无风险利率，$R_{m,t}$为市场组合的收益率，SML 表示基金投资组合中的小市值股票与大市值股票的收益率之差，HML 为高（BE/ME）与低（BE/ME）的股票收益率之差，WML 为强势头组合与弱势头组合收益率之差额。

（三）多因素绩效评估模型

Fama - French 三因素模型和 Carhart 的四因素模型所解释的因素还是有限，所以研究者们又提出了多因素模型来进行基金绩效的评估。多因素模型的一般数学表达式如下：$R_i=a_i+b_{i1}I_1+b_{i2}I_2+b_{i3}I_3\cdots+b_{in}I_n+\varepsilon_i$。其中，$I_1$，$I_2$，$I_3$，…，$I_n$ 分别代表影响 i 证券收益的各因素值；$b_{i1}+b_{i2}+b_{i3}\cdots+b_{in}$分别代表各因素对证券收益变化的影响程度；$a_i$ 代表证券收益率中独立于各因素变化的部分。

多因素模型虽然一定程度上解决了单因素模型解释变量过于简单而引起的问题，模型的解释力也有所增强，但在实证研究中，模型要求能确定所有的决定因素，而套利定价理论并没有明确地指出风险资产定价需要的因素种类及因素个数，所以在实证时，因素的选择及因素个数的确定可能比较主观。另外，多因素模型仍然无法解释资产收益的实质性差别，因素的选取对绩效评价结果影响比较明显。因此，单因素模型和多因素模型孰优孰劣，至今在西方国家尚无定论。

四、基金的选股与择时能力

Jensen 指数评估基金整体绩效时，反映的只是基金收益率和系统风险因子之间的关系，并未考虑基金组合期望收益和风险随时间的变化。由于 β 值的时变性，使基金绩效和市场投资组合绩效之间存在非线性关系，从而导致 Jensen 模型评估存在统计上的偏差。因此，Treynor 和 Mazuy（1966）在（T－M）模型采用 CAPM 形式来描述基金经理的择时能力和选股能力评估模型。Merton（1981）和 Henriksson 也提出了双 β 值市场模型，并利用一次回归项和随机变量项对基金经理的选股能力与市场运用中的时间选择能力进行了进一步的研究。

事实上基金经理是具有择时能力的，他会通过改变组合的风险以适应市场的变化并谋求高额的收益。即通过改变投资组合中股票、债券及现金的品种及比例来调整非系统性风险和改变组合的 β 值从而改变组合的系统风险来提高组合的绩效。根据研究者们对 β 系数的不同假设，将此类模型大致分为两类，一类称为 UD 模型，主要含义是将市场分为多头（Up）与空头（Down）两种形态，并假设基金经理在预期未来市场看好时，会多买入一些波动幅度较高的风险资产；反之，当基金经理预期未来市场看坏时，多买进波动幅度较低的风险资产，而卖出波动幅度较高的风险资产，因此，多头时期与空头时期的 β 系数应有所不同，因此将投资组合的 β 系数视为一项式变量（Binary Variable）。另一类则视为投资组合 β 的随机变量（Stochastic Varivable），其值随时间的变动而变动，以下分别介绍。

（一）Treynor 和 Mazuy（1966）的 T－M 模型，即传统二次项回归模型

Treynor 和 Mazuy 认为一个成功的市场选择者能够在市场处于涨势时提高其组合的 β 值以获得较高的收益，而在市场处于下跌时降低组合的 β 值降低风险，在证券市场回归模型中，他们加入一个二次项来评估证券投资基金经理择时与选股能力。因此，其特征线不再是固定斜率的直线，而

是一条斜率会随市场状况改变的曲线，回归模型为：

$$R_{p,t}-R_{f,t}=a_p+\beta_1(R_{m,t}-R_{f,t})+\beta_2(R_{m,t}-R_{f,t})^2+\mu_{p,t}$$

其中，a_p 为选股能力指标，β_2 为择时能力指标，即基金投资组合所承担的系统风险，$\mu_{p,t}$是二次项的误差项。如果 $\beta_2>0$，表示证券投资基金经理具有成功的市场择时能力。当 $R_{m,t}-R_{f,t}>0$ 时，即市场收益率大于无风险收益率，表示市场为多头走势。此时，$(R_{m,t}-R_{f,t})^2>0$，从而证券投资基金的风险溢酬（$R_{p,t}-R_{f,t}$）会大于市场投资组合的风险溢酬（$R_{m,t}-R_{f,t}$）；反之，当 $R_{m,t}-R_{f,t}\leqslant 0$ 时，证券投资基金风险溢酬的下跌幅度会小于市场投资组合风险溢酬的下跌幅度，这样，基金的风险溢酬仍会大于市场投资组合风险溢酬。如果 $a_p>0$，说明证券投资基金经理具有成功的市场择股能力，而且 a_p 越大，基金经理择股能力越强。

（二）Heriksson 和 Merton（1981）的二项式随机变量模型，即 H－M 模型

Heriksson 和 Merton 将 β 看成一项随机变量，其在多头与空头市场上的值是不同的。Heriksson 与 Merton 将择时能力定义为：基金经理预测市场收益与无风险收益之间差异大小的能力，然后根据这种差异，将资金有效率地分配于证券市场；具备择时能力者可以预先调整资金配置，以减少市场收益小于无风险收益时的损失，其回归模型为：

$$R_{p,t}-R_{f,t}=a_p+\beta_1(R_{m,t}-R_{f,t})+\beta_2\max(0,\ R_{f,t}-R_{m,t})+\mu_{p,t}$$

其中，$\max(0,\ R_{f,t}-R_{m,t})$表示在 0 与 $R_{f,t}-R_{m,t}$之间选取最大值。在该模型的运用上，可根据市场状况作出不同的变形，当市场状况良好时，$R_{m,t}-R_{f,t}\leqslant 0$，则 $\max(0,\ R_{f,t}-R_{m,t})=0$，模型变形为 $R_{p,t}-R_{f,t}=a_p+\beta_1(R_{m,t}-R_{f,t})+\mu_{p,t}$。当市场状况不佳时，$R_{m,t}-R_{f,t}\leqslant 0$，模型变为：

$$R_{p,t}-R_{f,t}=a_p+\beta_1(R_{m,t}-R_{f,t})+\beta_2(R_{f,t}-R_{m,t})+\mu_{p,t}=a_p+(\beta_1-\beta_2)(R_{m,t}-R_{f,t})+\mu_{p,t}$$

在 UD 模型中，特别重视基金经理的市场择时能力。当 $\beta_2>0$ 时，表示基金经理掌握了市场下跌的趋势，这时需要及时调整资产组合；如果 $\beta_1-\beta_2<0$，表示市场空头，即 $R_{m,t}-R_{f,t}\leqslant 0$ 时，基金经理反而能够逆势获利。

（三）Chang 和 Levellen（1984）对 Heriksson 和 Merton 的基金整体绩效评估模型进行了改进

其所建立的回归模型为：

$$R_{p,t} - R_{f,t} = a_p + \beta_1 \max(0, R_{m,t} - R_{f,t}) + \beta_2 \max(0, R_{m,t} - R_{f,t}) + \mu_{p,t}$$

其中，min（0，$R_{m,t} - R_{f,t}$）表示取0与$R_{m,t} - R_{f,t}$的最小值，β_1 表示多头市场时的 β；β_2 为空头市场时的 β。通过验定 $\beta_1 - \beta_2$ 的正负来判断基金经理的择时能力。当 $\beta_1 - \beta_2 < 0$ 时，表示基金经理具备择时能力。

第四章　我国资本市场结构的功能绩效实证计量分析

第一节　我国资本市场总体功能绩效实证计量分析

我国资本市场的建立和发展为我国经济建设和制度变革做出了重大贡献，但随着我国资本市场的日益扩张，其功能绩效如何是经济实务工作者和理论工作者必须要关注的问题。在此，本书先采用 C－D 函数型扩展模型和 AK 模型对我国资本市场与国民产出的相关性作一个整体性分析。

一、C－D 函数扩展模型的实证计量分析

（一）C－D 函数扩展模型的建立

20 世纪 30 年代初，美国经济学家 F. H. Douglas 和经济数学家 C. W. Cobb 分析研究了美国 1899～1922 年资本与劳动两个生产要素在投入与产出中的关系及其地位，得到了著名的 C－D 函数：$Y = AL^{\alpha}K^{\beta}$，其中，Y 代表产出，L 和 K 代表劳动和资本的投入量，A、α、β 为三个参数，A 代表技术状况的系数，α、β 分别代表劳动和资本在收入中所占的份额，且 $0<\alpha，\beta<1$。经济学研究中较多采用这一模型是因为：第一，该生产函数是指数函数形式，在数学上较易变形处理。第二，函数中的参数具有明显的经济含义，A 的数值越大，既定投入所能生产的产量越大，α、β 分别代表劳动和资本投入量增加 1% 时产量增加的百分比。函数式反映了

生产过程中资本和劳动对于产出的相对重要性。

在此，本课题组鉴于我国资本市场在当前我国处于发展阶段过程中的重要地位和我国一般劳动力市场的无限供给特征，用这些数据进行短期经济增长的研究，可以暂不考虑劳动力因素和技术进步。假设资本市场中三大子市场及制度变迁因素对经济增长来说是必不可少的要素。因此，参考C－D函数型模型构建资本市场中子市场对国民经济产出的相关性模型，并将其称为C－D函数扩展模型。

C－D函数扩展型的一般形式为：

$$Y = A\chi_1^{\alpha_1}\chi_2^{\alpha_2}\cdots\chi_n^{\alpha_n}$$

其中，Y表示产出，$\chi_i > 0$，$i = 1, 2, \cdots, n$；A，$\alpha_i > 0$，$i = 1, 2, \cdots, n$；A是常数，χ_i是各种投入要素。

（二）数据的选取及实证计量分析

运用此函数型模型分析中国资本市场和经济增长的关系，本书是从资本市场的角度探讨资本对经济的贡献，根据中国资本市场的特点，将资本市场主要细分为股票市场、债券市场和基金市场，并且在此主要分别分析这三者对经济增长的作用。除此之外，制度因素是必须考虑的，制度变迁是影响经济增长的要素之一，特别是二十几年以来中国的体制改革和体制创新对资本市场的作用明显，对经济增长也发挥了巨大的促进作用。考虑以上几个方面，将资本投入量K分解为股票发行额（K_1）、债券发行额（K_2）、基金筹资额（K_3），以及加入的制度变量，得到中国的经济增长产出模型可以表示如下：

$$Y_t = AK_{1t}^{\alpha}K_{2t}^{\beta}K_{3t}^{\gamma}R_t^{1-\alpha-\beta-\gamma}$$

模型中，Y_t表示产出，这里用国民生产总值GDP来表示。A是常数，资本投入量指标分别为：股票发行额（K_1），债券发行额（K_2），基金筹资额（K_3）。R_t是制度变量（用股票市场市价总值与股票、债券和基金的筹资总量之比来衡量）。引入制度变量可以取消指数系数为正常数的限制，为了研究问题的简化，假定规模收益不变。对方程两端取对数得：

$$\ln Y_t = \ln A + \alpha\ln K_{1t} + \beta\ln K_{2t} + \gamma\ln K_{3t} + (1-\alpha-\beta-\gamma)\ln R_t + \varepsilon_t$$

其中，ε_t是残差项，它的意思是除了资本以外的对经济增长产生作用的变量，比如：劳动力和技术进步。

对上式进行变形整理得到：$\ln Y_t - \ln R_t = \ln A + \alpha(\ln K_{1t} - \ln R_t) + \beta(\ln K_{2t} - \ln R_t) + \gamma(\ln K_{3t} - \ln R_t) + \varepsilon_t$，得到新的解释变量和被解释变量。

表 4－1 1992～2013 年的 GDP、K_1、K_2、K_3、R_t统计

单位：亿元

年份	GDP	股票市价总值	债券余额	证券投资基金规模	股票市值与筹资总额比
1992	26923. 48	1048. 15	2104. 76	—	0. 315507
1993	35333. 92	3541. 52	2343. 14	—	0. 553270
1994	48197. 86	3690. 62	2968. 51	—	0. 546401
1995	60793. 73	3474. 28	3946. 91	—	0. 380547
1996	71176. 59	9842. 39	4959. 16	—	0. 568558
1997	78973. 04	17529. 24	6029. 95	—	0. 644742
1998	84402. 28	19521. 81	8442. 63	120. 00	0. 587908
1999	89677. 05	26471. 18	11320. 63	510. 00	0. 591544
2000	99214. 55	48090. 94	13881. 63	562. 00	0. 687821
2001	109655. 17	43522. 20	15688. 00	804. 23	0. 635556
2002	120332. 69	38329. 13	19336. 10	1318. 85	0. 555187
2003	135822. 76	42457. 72	22603. 60	1614. 67	0. 542064
2004	159878. 34	37055. 57	25777. 60	3308. 79	0. 457352
2005	184937. 37	32430. 28	28774. 00	4714. 18	0. 378763
2006	216314. 43	89403. 89	31448. 70	6220. 67	0. 585093
2007	265810. 31	327140. 90	56922. 73	22339. 80	0. 744775
2008	314045. 43	121366. 40	105408. 88	25741. 79	0. 492533
2009	340902. 81	243939. 00	134048. 00	26767. 05	0. 611499
2010	401512. 80	265423. 00	164730. 15	24228. 35	0. 595102
2011	473104. 00	214758. 10	200052. 80	26510. 37	0. 500150
2012	519470. 10	230357. 62	251666. 98	31708. 41	0. 441577
2013	568845. 21	239077. 19	299152. 65	31179. 84	0. 419869

资料来源：根据 1985～2014 年《中国统计年鉴》、《中国证券期货统计年鉴》和《中经网统计数据库》数据整理所得。

利用 Eviews 统计软件对新的线性模型进行回归，结果如表 4－2 所示：

表 4-2　C-D 函数扩展型模型回归结果

Variable	Coefficient	Std. Error	t-Statistic	Prob.
LOG (K_1) - LOG (R)	-0.225759	0.089890	-2.511507	0.0273
LOG (K_2) - LOG (R)	0.568346	0.071318	7.969187	0.0000
LOG (K_3) - LOG (R)	0.122172	0.052832	2.312472	0.0393
C	8.001175	0.667779	11.98176	0.0000
R-squared	0.981724	Mean dependent var		12.86273
Adjusted R-squared	0.977155	S. D. dependent var		0.747550
S. E. of regression	0.112990	Akaike info criterion		-1.310716
Sum squared resid	0.153201	Schwarz criterion		-1.117568
Log likelihood	14.48573	Hannan-Quinn criter.		-1.300825
F-statistic	214.8619	Durbin-Watson stat		0.959868
Prob (F-statistic)	0.000000			

通过采用 C-D 扩展型函数模型，用中国资本市场 20 年的数据进行模型系数确定。回归结果可得可决系数 $R^2=0.982$，很接近 1，调整可决系数 $R^2=0.977$，很接近可决系数，表明方程拟合度很好，回归方程高度显著；F 值为 214.862，通过了 F 检验。

模型参数估计："常数项" $A=8.001175$，$\alpha=-0.225759$，$\beta=0.568346$，$\gamma=0.12217$ 代入方程可得：$Y_t=8K_{1t}^{-0.225759}K_{2t}^{0.568346}K_{3t}^{0.122172}$。

通过回归分析得出，对经济增长的贡献主要来自其中债券和制度的变迁。$\beta=0.568346$，$1-\alpha-\beta-\gamma=0.535241$，可以看出债券的发行和制度的变迁是促进经济增长的。该结论从定量的角度确立了在过去 20 年间中国的经济增长过程中，制度变迁对经济增长起到了主要的促进作用。尽管采用的制度变量是用股票市值占金融总资产的比例来衡量，它在一定程度上也反映了市场化的资本形成机制对经济增长会产生巨大的推动作用。股票市场对经济增长的影响在制度变量中得到了一定的反映。通过回归分析得出 $\alpha=-0.225759$，$\gamma=0.12217$，说明股票市场和基金市场与经济增长呈弱的相关性，它们还没有在经济增长中发挥应有的作用。

对模型结果进行自相关检验结果如表 4-3 所示：

表 4-3　C-D 扩展型函数模型残差项自相关检验结果

Autocorrelation	Partial Correlation		AC	PAC	Q-Stat	Prob
		1	0.441	0.441	3.7318	0.053
		2	-0.165	-0.446	4.2916	0.117
		3	-0.542	-0.372	10.795	0.013
		4	-0.558	-0.311	18.274	0.001
		5	-0.231	-0.160	19.667	0.001
		6	0.097	-0.251	19.937	0.003
		7	0.277	-0.232	22.385	0.002
		8	0.326	-0.088	26.221	0.001
		9	0.184	-0.136	27.609	0.001
		10	-0.077	-0.256	27.892	0.002
		11	-0.175	-0.078	29.657	0.002
		12	-0.113	0.024	30.573	0.002

从表 4-3 可以看出，回归模型残差不存在自相关。

二、AK 模型的实证计量分析

假设产出（Y）、居民消费水平（X）与资本（K）存在线性相关关系，即技术进步、人力资本等经济因素对产出的影响是恒定的，可以得到资本的边际产出是固定的，用 A 来代表。因此，整个生产函数可以用 Y = AK，居民消费水平影响函数用 X = AK 来表示。现选取该模型要采用的相关数据如表 4-4 所示：

表 4-4　1992 ~ 2013 年 Y_t、X_t、K_{1t}、K_{2t}、K_{3t}、K_t 状况统计

单位：亿元

年份	GDP（Y_t）	居民消费水平（X_t）	股票市价总值（K_{1t}）	债券余额（K_{2t}）	投资基金规模（K_{3t}）	筹资总额（K_t）
1992	26923.48	1116.00	1048.15	2247.88	—	2296.03
1993	35333.92	1393.00	3541.52	2451.97	—	5993.49
1994	48197.86	1833.00	3690.62	3063.80	—	6754.42
1995	60793.73	2355.00	3474.28	5655.40	—	9129.68
1996	71176.59	2789.00	9842.39	7468.75	—	17311.14
1997	78973.03	3002.00	17529.24	9658.75	—	27187.99
1998	84402.28	3159.00	19521.81	13563.76	120.00	33205.57
1999	89677.05	3346.00	26471.18	17768.11	510.00	44749.29
2000	99214.55	3632.00	48090.94	21264.91	562.00	69917.85

续表

年份	GDP (Y_t)	居民消费水平 (X_t)	股票市价总值 (K_{1t})	债券余额 (K_{2t})	投资基金规模 (K_{3t})	筹资总额 (K_t)
2001	109655.20	3887.00	43522.20	24152.48	804.23	68478.91
2002	120332.70	4144.00	38329.13	29390.20	1318.85	69038.18
2003	135822.80	4475.00	42457.72	34253.60	1614.67	78325.99
2004	159878.30	5032.00	37055.57	40657.60	3308.79	81021.96
2005	183217.40	5596.00	32430.28	48477.10	4714.18	85621.56
2006	211923.50	6299.00	89403.89	57178.29	6220.67	152802.85
2007	257305.60	7310.00	327140.89	89767.30	22339.80	439247.99
2008	300670.00	8430.00	121366.44	99304.45	25741.79	246412.68
2009	340902.81	9283.00	243939.00	128213.11	26767.05	398919.16
2010	401512.80	10522.00	265423.00	156361.21	24228.35	446012.56
2011	473104.00	12570.00	214758.10	188145.01	26510.37	429413.48
2012	519470.10	14110.00	230357.62	259604.68	31708.41	521670.60
2013	568845.21	15632.1	239077.19	299152.65	31179.84	569409.68

资料来源：根据 1992 ~ 2014 年《中国统计年鉴》、《中国证券期货统计年鉴》和《中经网统计数据库》数据整理所得。

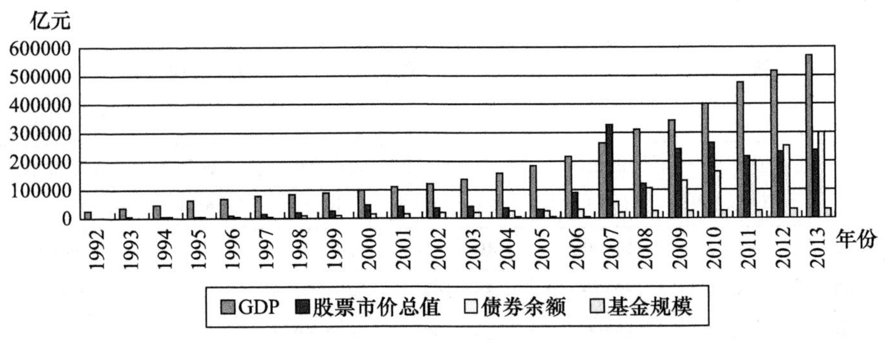

图 4 - 1　1992 ~ 2013 年我国 GDP 和资本市场状况

资料来源：根据 1992 ~ 2014 年《中国统计年鉴》、《中国证券期货统计年鉴》和《中经网统计数据库》数据整理所得。

（一）资本市场的总体效应分析

根据前面假设可建立资本市场与产出的相关生产函数形式为：Y_t =

AK_t，其中，K_t 是股票市价总值、债券余额以及投资基金规模的总和，即代表我国资本市场规模；Y_t 是我国 GDP 总额；A 代表我国资本市场规模的资本产出效益。GDP 与资本市场总规模的回归结果如表 4-5 所示：

表 4-5　GDP 与资本市场总规模的回归结果

Variable	Coefficient	Std. Error	t-Statistic	Prob.
$K_1+K_2+K_3$	0.977274	0.061113	15.99131	0.0000
R-squared	0.799505	Mean dependent var		255245.3
Adjusted R-squared	0.799505	S. D. dependent var		162907.3
S. E. of regression	72944.48	Akaike info criterion		25.29325
Sum squared resid	7.98E+10	Schwarz criterion		25.34153
Log likelihood	-201.3460	Hannan-Quinn criter.		25.29572
Durbin-Watson stat	1.438140			

由表 4-5 可得可决系数 $R^2=0.8$，调整可决系数 $R^2=0.8$，说明资本规模对经济总量有很强的解释能力，估计参数通过了统计量 t 检验。可以引入本模型为：$Y_t=0.977274\times K_t$，非常明显，资本市场对经济有重要的促进作用，A = 0.977274，说明资本市场规模对经济增长有很高的贡献率。

（二）资本市场对居民消费水平的影响分析

资本市场的建立和发展不仅对国民经济产出有影响，同时对居民消费也会产生影响。现建立其相关函数形式为：$X_t=A\times K_t$，其中，K_t 是股票市价总值、债券余额以及投资基金规模的总和，代表我国资本市场规模；X_t 是我国每年居民消费水平；A 代表我国资本市场规模对居民消费水平的边际贡献率。消费总水平与资本市场总规模的回归结果如表 4-6 所示：

表 4-6　消费总水平与资本市场总规模的回归结果

Variable	Coefficient	Std. Error	t-Statistic	Prob.
$K_1+K_2+K_3$	0.026713	0.002043	13.07350	0.0000
R-squared	0.634364	Mean dependent var		7339.194
Adjusted R-squared	0.634364	S. D. dependent var		4033.312
S. E. of regression	2438.856	Akaike info criterion		18.49691

续表

Variable	Coefficient	Std. Error	t – Statistic	Prob.
Sum squared resid	89220277	Schwarz criterion		18.54519
Log likelihood	–146.9753	Hannan – Quinn criter.		18.49938
Durbin – Watson stat	0.975833			

从表4－6可以看出，回归系数 A＝0.026713，P＝0，高度显著。说明资本市场规模对消费水平有促进作用。

（三）股票、债券、基金三个子市场与经济增长的相关性总体分析

前面采用了 C－D 函数扩展模型考证了股票市场、债券市场、基金市场等因素与国民产出的相关性分析，AK 函数可以表达成以下形式：$Y_t = A_iK_{it}$，其中，A_i 代表第 i 种资本的边际产出，K_{it}代表 t 时刻第 i 种资本的存量。本书用 A_1 代表股票市场规模的边际产出，K_{1t}代表 t 时刻股票市价总值；用 A_2 代表债券市场规模的边际产出，K_{2t}代表 t 时刻债券的余额；用 A_3 代表基金市场规模的边际产出，K_{3t}代表 t 时刻的基金总额，$Y_t = A_iK_{it}$可被写成：$Y_t = A_1K_{1t} + A_2K_{2t} + A_3K_{3t}$。产出与各资本子市场规模的回归如表4－7所示：

表4－7　产出与各资本子市场规模的回归

Variable	Coefficient	Std. Error	t – Statistic	Prob.
K_1	0.682409	0.369942	1.844638	0.0480
K_2	1.450444	0.467142	3.104929	0.0084
K_3	0.387686	5.136983	0.075469	0.0410
R – squared	0.829837	Mean dependent var		255245.3
Adjusted R – squared	0.803658	S. D. dependent var		162907.3
S. E. of regression	72185.10	Akaike info criterion		25.37922
Sum squared resid	6.77E+10	Schwarz criterion		25.52408
Log likelihood	–200.0337	Hannan – Quinn criter.		25.38663
Durbin – Watson stat	0.805366			

由表4－7可得可决系数 R^2＝0.829837，很接近1，调整可决系数

$R^2=0.803658$，表明方程拟合度很好，回归方程高度显著；模型各参数估计中，只有 K_2 通过了统计检验，可以引入本模型为：$Y_1=0.6824K_1+1.4504K_2+0.3877K_3$。其中，$A_1=0.682409$、$A_2=1.4504$、$A_3=0.3877$。

从上述实证计量分析可知，我国资本市场与国民产出和国民消费具有高度正相关性。而在进一步分析股票、债券、基金各子市场与国民产出的相关性时，AK 模型与 C-D 扩展模型分析的结论一致，即债券的发行和制度的变迁是促进经济增长的，股票市场和基金市场没有在经济增长中发挥应有的作用。

债券市场刺激投资效应较明显，一是国债对于投资的拉动作用较直接。与股票市场相比，由于股票还存在募集资金转为投资的过程，在这一过程中企业很可能改变募集资金用途。国债是根据国家的投资需要，直接投向具体项目，见效快。同时，发行国债进行相关项目的建设，还存在投资波及效应，即在已定的投资规模基础上再增加新的投资，不仅会因投资拉动收入增长和消费增长而形成投资乘数，还有可能因投资于某一产业而引起关联投资。二是国债市场规模较大。由于股票市场发展时间短，只有少数企业才能通过发行上市筹集资金实现资本集中。大型项目仍需要依靠国家国债项目来解决，与股票市场相比，我国国债市场规模较大，对投资的拉动作用相对要强一些。三是股票市场、基金市场的体制不完善、功能变异和代理制风险等因素导致股票市场和基金市场绩效相对债券市场来说明显弱化。

第二节　我国股票市场的功能绩效实证计量分析

一、股票市场和经济增长的相关性分析

众所周知，促进经济增长的因素大体可分为资本（包括投入生产的各种原材料、设备、资金等）、劳动、技术以及制度因素等几个大的部分。根据许多经济学家的研究，在发展中国家的经济增长中，资本的作用

最大，其对经济增长的贡献往往可以占到整个经济增长率的60%～70%，甚至达到80%以上。而中国经济自改革开放以来，呈现出明显的投资推动的特点，持续的资本形成增长支持了经济增长的高速度，两者之间表现出很高的关联度。而股票市场作为一国融通资金的重要场所，其对一国的资本形成具有重要的影响，从而也对一国经济的发展起着不可忽视的作用。我国股票市场自20世纪90年代初建立起来以后，规模不断扩大，筹资额不断增多，已成为我国企业筹集生产资金的重要场所，其在国民经济中的地位也不断提高。

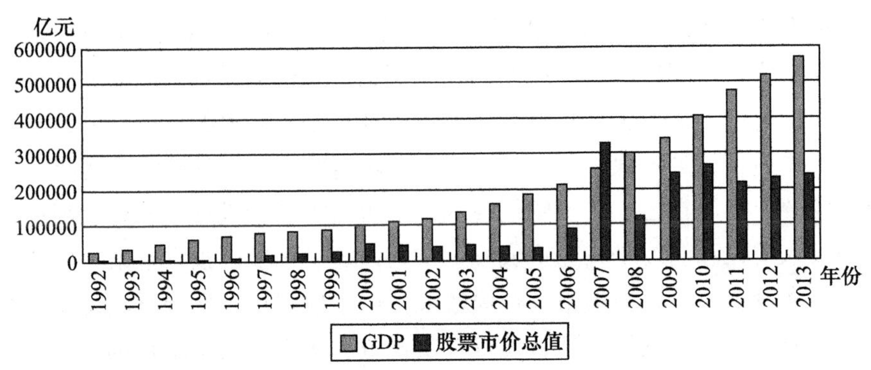

图4-2　1992～2013年GDP与股票市价总值变动情况

资料来源：根据1992～2014年《中国统计年鉴》和《中经网统计数据库》数据整理所得。

建立股票市场对经济发展的功能绩效模型：$LNGDP = \alpha + \beta LNK + \xi$，其中，LNGDP和LNK是对GDP和股票市值的对数变换。使用Eviews 6.0对表4-7中数据进行回归处理，结果如表4-8所示：

表4-8　GDP对数与股票市值对数的回归结果

Variable	Coefficient	Std. Error	t-Statistic	Prob.
LOG（K_1）	0.510951	0.037505	13.62367	0.0000
C	6.477991	0.399715	16.20653	0.0000
R-squared	0.902726	Mean dependent var		11.86180
Adjusted R-squared	0.897862	S. D. dependent var		0.881091
S. E. of regression	0.281588	Akaike info criterion		0.389766

续表

Variable	Coefficient	Std. Error	t - Statistic	Prob.
Sum squared resid	1.585838	Schwarz criterion		0.488952
Log likelihood	-2.287427	Hannan - Quinn criter.		0.413131
F - statistic	185.6043	Durbin - Watson stat		1.021905
Prob（F - statistic）	0.000000			

从表 4 -8 可以得到 $R^2 = 0.903$，调整后的 $R^2 = 0.897862$，即股票市场的发展对经济增长的解释能力很强。对模型进行自相关检验结果如表 4 -9 所示：

表 4 -9　GDP 对数与股票市值对数回归方程残差项自相关检验结果

Autocorrelation	Partial Correlation		AC	PAC	Q-Stat	Prob
		1	0.417	0.417	4.3815	0.036
		2	0.114	-0.073	4.7257	0.094
		3	0.106	0.103	5.0359	0.169
		4	-0.124	-0.249	5.4902	0.241
		5	-0.239	-0.110	7.2612	0.202
		6	-0.138	0.003	7.8874	0.246
		7	0.120	0.279	8.3982	0.299
		8	0.051	-0.118	8.4949	0.387
		9	0.021	-0.007	8.5127	0.483
		10	-0.018	-0.202	8.5262	0.578
		11	-0.251	-0.208	11.553	0.398
		12	-0.396	-0.220	19.815	0.071

从表 4 -9 可以得出模型不存在自相关。因此，可以得到 GDP 与股票市值的回归方程：$LNGDP = 6.477991 + 0.510951 \times LNK$。

从表 4 -9 中，我们可以看出，GDP 与股票市价总值总体上是处于上升的趋势。尤其是 GDP 的增长比较平稳，其增长率基本上稳定在 8% 的水平，而市价总值在 1995 年以前增长比较缓慢，1995 年以后出现加速增长的势头，而到了 2001 年后，股市出现了一个相对较长的调整期，市值增长十分缓慢，甚至一度下降，但在 2006 年，股市的市价总值急剧增长，从 2005 年年末的 36467.59 亿元增长到 2006 年年末的 107434.73 亿元，几乎增长了 2 倍。从相关的统计我们也可以知道，在 2006 年我国股市处于牛市，每天都有大量资金流入股市，因而股市的市价总值迅速增长也就不足为奇。到 2007 年下半年股市开始下滑。

虽然从直观上，我们知道股市市价总值和 GDP 都在增长，但二者之间是否存在相关关系？股市发展是否促进了我国经济的增长？促进作用有多大？这还需要进行进一步的实证分析。为了准确地知道我国股市与经济增长之间的关系，我们需要建立计量经济模型检验。为了检验的方便，我们在这里对股市发展指标与经济发展指标之间建立线性回归模型，运用最小二乘法对二者的关系进行检验。

在指标的选取上，选用季度 GDP 的增长率作为经济发展的指标，用 GY 来表示，注意，我们这里运用的是 GDP 的同比增长率。选择了三个股票市场发展指标：第一个指标是资本化率，它等于上交所和深交所每季度三个月月末股票市价总值的算术平均与该季度名义 GDP 的比率，它反映股票市场的规模，我们用 CAPITALIZATION 来表示这一指标。资本化率指标越大，表明股票市场规模越大，股票市场发展向好。第二个指标是周转率，它是用上交所和深交所每季股票总成交金额除以季度股票平均市价总值计算得来的，我们用 TURNOVER 来表示。周转率指标反映了中国 A 股市场股票成交额的大小和周转率的高低，周转率越高，表示 A 股市场成交额越大，股民参与度高，股市越繁荣。第三个指标是交易价值，它等于上交所和深交所每季度股票总成交金额除以该季度名义 GDP，这个指标和周转率指标意义相似，都用来反映股票市场的流动性，我们用 VALUE 来表示（赵振全、蒋瑛琨、陈守东，2002）。

$$GY = \alpha + \beta_1 CAPITALIZATION + \beta_2 VALUE + \beta_3 TURNOVER$$

表 4－10　1998～2013 年季度 GDP 和股票市值

单位：亿元

时期	季度国内生产总值（现价）－累计	季度平均股票市价总值	每季的总成交金额
1998 年第一季度	17501.30	36257.17	4495.69
1998 年第二季度	37222.70	21518.54	7579.45
1998 年第三季度	57595.20	33374.38	7378.13
1998 年第四季度	84402.30	20350.54	4917.94
1999 年第一季度	18789.70	19464.22	2927.66
1999 年第二季度	39554.90	23987.55	13294.94
1999 年第三季度	61414.20	29229.64	11228.26
1999 年第四季度	89677.10	27387.49	3868.73

续表

时期	季度国内生产总值（现价）-累计	季度平均股票市价总值	每季的总成交金额
2000 年第一季度	20647.00	33672.19	18937.82
2000 年第二季度	43748.20	39103.62	16018.71
2000 年第三季度	68087.50	42990.93	14500.19
2000 年第四季度	99214.60	45776.28	11369.94
2001 年第一季度	23299.50	48545.06	10058.85
2001 年第二季度	48950.90	52614.32	14765.15
2001 年第三季度	75818.20	46775.61	7358.17
2001 年第四季度	109655.20	44231.98	6123.01
2002 年第一季度	25375.70	40818.67	7891.14
2002 年第二季度	53341.00	44986.83	8953.43
2002 年第三季度	83056.70	45513.85	6425.31
2002 年第四季度	120332.70	40454.2	4720.58
2003 年第一季度	28861.80	42732.40	6673.85
2003 年第二季度	59868.90	42898.99	11353.73
2003 年第三季度	93329.30	40290.73	5447.16
2003 年第四季度	135822.80	40363.35	8640.54
2004 年第一季度	33420.60	48105.07	16415.54
2004 年第二季度	70405.90	43651.89	9620.97
2004 年第三季度	109967.60	40112.40	8337.69
2004 年第四季度	159878.30	38418.80	7959.77
2005 年第一季度	39117.00	36041.15	6702.30
2005 年第二季度	81913.00	32263.81	7508.40
2005 年第三季度	126657.00	32736.85	10896.08
2005 年第四季度	184937.00	31632.88	6556.40
2006 年第一季度	45316.00	35346.67	11194.50
2006 年第二季度	95429.00	41726.77	26879.10
2006 年第三季度	147341.30	49784.13	20142.60
2006 年第四季度	216314.40	74094.17	32252.90
2007 年第一季度	54755.90	115515.80	75032.40
2007 年第二季度	115998.90	168300.63	162147.50

续表

时期	季度国内生产总值（现价）－累计	季度平均股票市价总值	每季的总成交金额
2007 年第三季度	180101. 10	228478. 53	133988. 40
2007 年第四季度	265810. 30	299087. 00	89387. 90
2008 年第一季度	66283. 80	262092. 32	96174. 60
2008 年第二季度	140477. 80	214382. 02	73230. 91
2008 年第三季度	217026. 10	161827. 96	46610. 77
2008 年第四季度	314045. 00	118639. 49	51096. 42
2009 年第一季度	69754. 80	144986. 31	92861. 53
2009 年第二季度	148080. 70	183496. 00	128994. 75
2009 年第三季度	231139. 40	206577. 30	165631. 89
2009 年第四季度	340506. 90	233111. 39	148498. 57
2010 年第一季度	81622. 30	235970. 40	116334. 81
2010 年第二季度	172839. 80	210894. 55	110084. 59
2010 年第三季度	272626. 70	233261. 26	124224. 38
2010 年第四季度	401512. 80	266623. 92	194989. 76
2011 年第一季度	97479. 54	271936. 58	135572. 58
2011 年第二季度	206488. 11	265681. 03	111384. 48
2011 年第三季度	322344. 67	249864. 72	101461. 95
2011 年第四季度	473104. 05	229818. 81	73230. 71
2012 年第一季度	108486. 35	228144. 90	88919. 65
2012 年第二季度	228035. 01	234565. 09	86010. 85
2012 年第三季度	353723. 60	212234. 78	72221. 78
2012 年第四季度	519322. 07	214173. 23	67515. 13
2013 年第一季度	123170. 78	248749. 43	117182. 3
2013 年第二季度	256911. 18	219846. 64	137482. 89
2013 年第三季度	400987. 29	226421. 93	98634. 19
2013 年第四季度	588018. 76	246783. 13	107454. 63

资料来源：根据 1985 ~2014 年《中国统计年鉴》、《中国证券期货统计年鉴》和《中经网统计数据库》数据整理所得。

依据表 4 －10 数据整理后得表 4 －11，其相关指标交易的趋势如图 4 –3 所示：

表 4-11 1998~2013 年季度 GDP 的增长率和股票市场发展的三个指标

单位:%

时期	季度 GDP 的增长率 GY	季度平均股票市价总值与 GDP 的比值 (CAPITALIZATION)	季度的总成交金额与季度 GDP 的比值 (VALUE)	季度的股票总成交金额除以该季度的股票平均市价总值之比 (TURNOVER)
1998 年第一季度	7.6	207.168458	25.687749	12.39944978
1998 年第二季度	7.2	57.810261	20.362440	35.22288222
1998 年第三季度	7.5	57.946455	12.810321	22.10716944
1998 年第四季度	7.8	24.111353	5.826784	24.16614401
1999 年第一季度	9.1	103.589839	15.581196	15.04123977
1999 年第二季度	8.3	60.643696	33.611360	55.42432701
1999 年第三季度	8.1	47.594264	18.282840	38.41395679
1999 年第四季度	7.6	30.540119	4.314067	14.12590029
2000 年第一季度	9.0	163.085162	91.721897	56.24171795
2000 年第二季度	8.9	89.383388	36.615701	40.96477164
2000 年第三季度	8.9	63.140714	21.296405	33.72848384
2000 年第四季度	8.4	46.138656	11.459946	24.83805843
2001 年第一季度	8.5	208.352368	43.171956	20.72064593
2001 年第二季度	8.1	107.483873	30.163184	28.06298564
2001 年第三季度	8.0	61.694430	9.705018	15.73078475
2001 年第四季度	8.3	40.337327	5.583876	13.84294906
2002 年第一季度	8.9	160.857329	31.097231	19.33218147
2002 年第二季度	8.9	84.338189	16.785268	19.90233439
2002 年第三季度	9.2	54.798529	7.736053	14.11726321
2002 年第四季度	9.1	33.618634	3.922940	11.66894620
2003 年第一季度	10.8	148.058691	23.123471	15.61777359
2003 年第二季度	9.7	71.654877	18.964320	26.46619625
2003 年第三季度	10.1	43.170501	5.8364951	13.51963702
2003 年第四季度	10.0	29.717657	6.3616271	21.40689335
2004 年第一季度	10.4	143.938389	49.118029	34.12434254
2004 年第二季度	10.9	62.000334	13.665005	22.04021238
2004 年第三季度	10.5	36.476559	7.581951	20.78581858
2004 年第四季度	10.1	24.030030	4.978643	20.71842252
2005 年第一季度	11.2	92.136803	17.133983	18.59624174
2005 年第二季度	11.0	39.387903	9.166311	23.27189264
2005 年第三季度	11.1	25.846854	8.602825	33.28383763

续表

时期	季度 GDP 的增长率 GY	季度平均股票市价总值与 GDP 的比值（CAPITALIZATION）	季度的总成交金额与季度 GDP 的比值（VALUE）	季度的股票总成交金额除以该季度的股票平均市价总值之比（TURNOVER）
2005 年第四季度	11.3	17.104679	3.545207	20.72653518
2006 年第一季度	12.4	78.000412	24.70320	31.67059600
2006 年第二季度	13.1	43.725457	28.166595	64.41692502
2006 年第三季度	12.8	33.788308	13.670709	40.45987879
2006 年第四季度	12.7	34.252998	14.910196	43.52960761
2007 年第一季度	14.0	210.965028	137.030713	64.95423137
2007 年第二季度	14.5	145.088129	139.783653	96.34396307
2007 年第三季度	14.4	126.861265	74.396214	58.64375881
2007 年第四季度	14.2	112.518966	33.6284561	29.88692254
2008 年第一季度	11.3	395.409316	145.0951816	36.69493253
2008 年第二季度	11.0	152.609179	52.1298810	34.15907319
2008 年第三季度	10.6	74.566130	21.4770343	28.80266738
2008 年第四季度	9.6	37.777864	16.2704135	43.06864315
2009 年第一季度	6.5	207.851374	133.1256487	64.04848154
2009 年第二季度	7.4	123.916218	87.1111158	70.29839761
2009 年第三季度	8.1	89.373469	71.6588734	80.17913391
2009 年第四季度	9.1	68.460108	43.6110311	63.70283751
2010 年第一季度	11.9	289.100405	142.5282184	49.30059448
2010 年第二季度	11.1	122.017356	63.6916902	52.19887772
2010 年第三季度	10.7	85.560680	45.5657425	53.25547061
2010 年第四季度	10.4	66.404837	48.5637718	73.13288320
2011 年第一季度	9.8	278.967853	139.0779833	49.85448384
2011 年第二季度	9.7	128.666501	53.9423214	41.92413790
2011 年第三季度	9.5	77.514767	31.4762302	40.60675313
2011 年第四季度	9.3	48.576801	15.4787748	31.86454146
2012 年第一季度	8.1	210.298249	81.9639038	38.97507680
2012 年第二季度	7.8	102.863631	37.7182661	36.66822340
2012 年第三季度	7.7	60.000177	20.4175749	34.02919110
2012 年第四季度	7.8	41.240926	13.0006278	31.52360776
2013 年第一季度	13.5	27.79311	95.1381	47.1086

续表

时期	季度 GDP 的增长率 GY	季度平均股票市价总值与 GDP 的比值（CAPITALIZATION）	季度的总成交金额与季度 GDP 的比值（VALUE）	季度的股票总成交金额除以该季度的股票平均市价总值之比（TURNOVER）
2013 年第二季度	12.7	24.18046	53.5138	62.5358
2013 年第三季度	13.4	24.04137	24.5978	43.5621
2013 年第四季度	13.2	35.60818	18.274	43.5421

资料来源：根据 1985 ~2014 年《中国统计年鉴》、《中国证券期货统计年鉴》和《中经网统计数据库》数据整理所得。

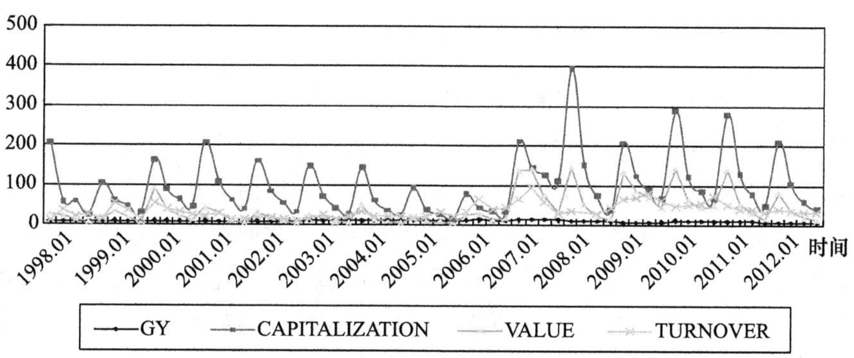

图 4-3　季度 GDP 的增长率和股票市场发展的三个指标

运用 Eviews 软件对上述数据进行回归处理结果如表 4-12 所示：

表 4-12　GDP 增长率与股票市场发展指标回归结果

Variable	Coefficient	Std. Error	t-Statistic	Prob.
CAPITALIZATION	-0.004498	0.009395	-0.478747	0.6340
TURNOVER	0.010784	0.027923	0.386195	0.7008
VALUE	0.014892	0.023194	0.642057	0.5235
C	9.298996	1.013111	9.178657	0.0000
R-squared	0.081606	Mean dependent var		9.829968
Adjusted R-squared	0.032406	S.D. dependent var		1.939257
S.E. of regression	1.907576	Akaike info criterion		4.193884

续表

Variable	Coefficient	Std. Error	t - Statistic	Prob.
Sum squared resid	203.7754	Schwarz criterion		4.333507
Log likelihood	-121.8165	Hannan - Quinn criter.		4.248498
F - statistic	1.658663	Durbin - Watson stat		0.327980
Prob (F - statistic)	0.186318			

从表4-12得出可决系数 $R^2=0.0816$，即股票市场对经济增长的解释不显著。这个结论也证实了前面C-D函数型模型和AK模型所得出的结论。

二、股票市场的Fama弱有效性实证分析

根据Fama的定义，如果市场中的价格已充分反映了可得信息，那么这个市场就是有效的。其中，弱有效（Weak form Efficient）是有效市场的第一个层次，即当前价格已完全反映了过去的价格信息，投资者不可能从股票历史价格数据中发现被错误定价的股票，并通过买卖这些股票来获利。股票价格已经根据这些信息作了相应的调整。但在弱式有效市场中，投资者不可能运用这些技术分析来寻找获取超额收益的机会。投资者只能获得与所承担风险相对应的正常收益，投资者无法利用过去的证券价格分析去获得超额利润。在弱式有效市场中，股票价格变动与其历史行为方式是独立的，股价变动的历史时间序列数据呈现出随机游走形态。弱有效假说的推论就是过去的价格对未来价格没有预测能力，人们无法根据过去的价格信息进行有价值的预测。本项目采用自相关检验方法和游程检验方法对我国股票市场的弱有效性进行实证分析。

本项目数据选择的是我国A股上证交易所的综合指数（000008）、深证交易所的中小板指数（399005）以及创业板指数（399006），对这三个指数的日收益率、周收益率和月收益率进行有效性检验。综合指数和中小板指数数据的时间跨度是2008年1月1日至2013年12月31日。由于深圳证券交易所于2010年6月1日正式编制和发布创业板指数，因此创业板数据就是从2010年6月2日至2013年12月31日。用Eviews软件和SPSS软件进行数据处理。

（一）自相关检验结果

表4-13是三种指数日收益率的相关性检验，从综合指数来看，1~10期的日收益率相关系数都没有通过显著性检验，Q统计量不能拒绝滞后1~10期序列相关系数联合为零的假设，说明综合指数符合随机游走。但是中小板指数和创业板指数的结果显示：1~10期的相关系数在5%水平上都通过了显著性检验，说明中小板和创业板市场不符合随机游走。

表4-13 指数日收益率滞后1~10期的序列相关系数及Q统计量

综合指数										
滞后期	1	2	3	4	5	6	7	8	9	10
相关系数	-0.017	0.008	0.000	0.011	-0.022	-0.047	0.005	-0.033	-0.022	0.025
Q统计量	0.4246	0.5276	0.5279	0.7083	1.4434	4.7098	4.7536	6.3667	7.0964	8.0084
P值	0.515	0.768	0.913	0.950	0.920	0.582	0.690	0.606	0.627	0.628
中小板指数										
相关系数	0.064	-0.067	0.025	0.028	-0.046	-0.043	0.050	-0.015	0.012	0.059
Q统计量	6.0475	12.602	13.491	14.608	17.754	20.42	24.067	24.377	24.603	29.670
P值	0.014	0.002	0.004	0.006	0.003	0.002	0.001	0.002	0.003	0.001
创业板指数										
相关系数	0.079	-0.083	0.022	-0.010	-0.052	-0.072	0.044	-0.005	0.065	0.075
Q统计量	5.3656	11.325	11.735	11.835	14.199	18.682	20.343	20.361	24.125	29.096
P值	0.021	0.003	0.008	0.019	0.014	0.005	0.005	0.009	0.004	0.001

表4-14是三种指数周收益率的相关性检验，从综合指数、中小板指数和创业板指数可以看出：1~10期的周收益率相关系数都没有通过显著性检验，Q统计量不能拒绝滞后1~10期序列相关系数联合为零的假设，说明三个指数周收益率符合随机游走。

表4-14 指数周收益率滞后1~10期的序列相关系数及Q统计量

综合指数										
滞后期	1	2	3	4	5	6	7	8	9	10
相关系数	-0.048	-0.032	0.031	0.064	-0.048	0.023	-0.040	0.010	0.061	0.013
Q统计量	0.7224	1.0415	1.3524	2.6449	3.3820	3.5448	4.0642	4.0992	5.3043	5.3623
P值	0.395	0.594	0.717	0.619	0.641	0.737	0.772	0.848	0.807	0.866

续表

中小板指数										
相关系数	0.020	0.068	0.104	0.016	-0.077	-0.064	-0.031	0.086	-0.004	0.074
Q 统计量	0.1311	1.5917	5.0229	5.1037	7.0029	8.3328	8.6403	11.046	11.052	12.831
P 值	0.717	0.451	0.170	0.277	0.220	0.215	0.280	0.199	0.272	0.233
创业板指数										
相关系数	-0.086	0.121	0.046	-0.002	-0.008	-0.160	0.013	-0.050	-0.016	-0.080
Q 统计量	1.5327	4.5745	5.0232	5.0242	5.0386	10.467	10.504	11.048	11.100	12.499
P 值	0.216	0.102	0.170	0.285	0.411	0.106	0.162	0.199	0.269	0.253

表4-15是三种指数月收益率的相关性检验，三个指数1~10期的月收益率相关系数都没有通过显著性检验，Q统计量不能拒绝滞后1~10期序列相关系数联合为零的假设，由此说明三个指数月收益率都符合随机游走。

表4-15　指数月收益率滞后1~10期的序列相关系数及Q统计量

综合指数										
滞后期	1	2	3	4	5	6	7	8	9	10
相关系数	-0.006	-0.010	0.091	0.175	0.037	-0.148	-0.055	0.007	-0.002	-0.006
Q 统计量	0.0030	0.0110	0.6449	3.0416	3.1531	4.9170	5.1612	5.1650	5.1653	5.1682
P 值	0.956	0.995	0.886	0.551	0.676	0.555	0.640	0.740	0.820	0.880
中小板指数										
相关系数	-0.016	0.133	0.049	0.191	-0.057	-0.136	0.058	0.049	-0.126	0.056
Q 统计量	0.0199	1.3703	1.5523	4.4064	4.6633	6.1638	6.4355	6.6365	7.9756	8.2420
P 值	0.888	0.504	0.670	0.354	0.458	0.405	0.490	0.576	0.537	0.605
创业板指数										
相关系数	-0.160	0.039	0.092	0.344	-0.212	-0.018	0.131	0.098	0.062	-0.102
Q 统计量	1.1531	1.2228	1.6210	7.3875	9.6419	9.6584	10.566	11.086	11.302	11.905
P 值	0.283	0.543	0.655	0.117	0.086	0.140	0.159	0.197	0.256	0.291

表 4-16 收益率游程检验结果

日收益率游程检验结果				
	观察值个数	游程总数	Z 统计量	P 值
综合指数	1457	746	0.865	0.387
中小板指数	1457	667	-3.275	0.001
创业板指数	867	392	-2.888	0.004
周收益率游程检验结果				
	观察值个数	游程总数	Z 统计量	P 值
综合指数	338	161	-0.981	0.327
中小板指数	338	163	-0.763	0.446
创业板指数	204	93	-1.404	0.160
月收益率游程检验结果				
	观察值个数	游程总数	Z 统计量	P 值
综合指数	72	35	-0.475	0.635
中小板指数	72	33	-0.950	0.342
创业板指数	42	24	0.469	0.639

（二）游程检验结果

观察表 4-16，从日收益率游程检验结果来看，综合指数 Z 统计值不能拒绝实际游程数目与预期数目相同的原假设，表明综合指数达到随机游走。但是中小板和创业板通过了显著性检验，表明这两个指数的日收益率没能达到随机游走。对于周收益率游程检验结果，三种指数的 Z 统计值都不能拒绝实际游程数目与预期数目相同的原假设，表明三种指数都达到了随机游走。月收益率检验结果显示：Z 统计量都没能通过显著性检验，表明三种指数都达到了随机游走。

比较相关系数检验和游程检验，两种检验方法的结果大致相同，只是在创业板指数周收益率检验结果略微有不同。

第三节 我国债券市场功能绩效实证计量分析

要探讨债券市场对经济增长的影响路径，首先我们应当客观得出债券市场在经济发展中的功能及其发挥的作用。根据美国麻省理工学院斯隆管理学院教授 Robert Merton 和 Zvi Bodie 于 1993 年提出的基于功能观点的金融体系改革论，按照他们的观点，我们将债券市场的功能加以归纳。

债券市场就是发挥着将资本的需求者和供给者联系在一起的纽带作用。具体来说，其主要功能体现为在一个不确定的环境中使资源得到高效的配置，从该基本功能出发，我们可以得到债券市场的以下具体功能：债券市场提供了清算和支付的途径，促进了商品、劳务和资产的交易；聚合资源细分股份，债券市场有利于资金的集聚，满足企业的不可分项目对资金的需求，进一步改善或者提高了全社会边际资本生产率；促进了风险的分担和资金的有效配置，将资金流向边际增长最高的地方；低成本、高效率、快速地提高价格信息，有利于投资者决策的判断，同时也影响了私人储蓄和企业储蓄配置，有效地增加了投资向储蓄的转化比率。综上所述，债券市场的最终功能目标是促进经济增长。因此，本节主要从债券规模与国民产出的相关性来考察债券市场功能的绩效。

考虑到债券市场流动性较弱，数据采用 1992 ~ 2013 年 GDP 与债券余额来考察债券市场对经济增长的贡献。

表 4 – 17　1992 ~ 2013 年中国 GDP 与债券余额状况统计

单位：亿元

年份	GDP	债券余额（K）
1992	26923.48	2247.88
1993	35333.92	2451.97
1994	48197.86	3063.80
1995	60793.73	5655.40
1996	71176.59	7468.75
1997	78973.04	9658.75
1998	84402.28	13563.76
1999	89677.05	17768.11
2000	99214.55	21264.91
2001	109655.17	24152.48
2002	120332.69	29390.20
2003	135822.76	34253.60
2004	159878.34	40657.60

续表

年份	GDP	债券余额（K）
2005	184937.37	48477.10
2006	216314.43	57178.29
2007	265810.31	89767.30
2008	314045.43	99304.45
2009	340902.81	128213.11
2010	401512.80	156361.21
2011	473104.00	188145.01
2012	519470.10	259604.58
2013	568845.21	299152.65

资料来源：根据1985～2014年《中国统计年鉴》、《中国证券期货统计年鉴》和《中经网统计数据库》数据整理所得。

建立债券市场对经济发展的功能绩效模型：$LNGDP=\alpha+\beta LNK+\xi$。其中，LNGDP和LNK是对GDP和债券余额的对数变换。使用Eviews 6.0对表4－15中数据进行回归处理，结果如表4－18所示。

表4－18　GDP与债券余额的回归结果

Variable	Coefficient	Std. Error	t－Statistic	Prob.
LOG（K_2）	0.556366	0.018023	30.87038	0.0000
C	6.279535	0.182923	34.32885	0.0000
R－squared	0.979445	Mean dependent var		11.86180
Adjusted R－squared	0.978417	S. D. dependent var		0.881091
S. E. of regression	0.129443	Akaike info criterion		－1.164645
Sum squared resid	0.335110	Schwarz criterion		－1.065459
Log likelihood	14.81109	Hannan－Quinn criter.		－1.141280
F－statistic	952.9806	Durbin－Watson stat		0.578621
Prob（F－statistic）	0.000000			

从表4－18可以得到$R^2=0.98$，调整后的$R^2=0.98$，即债券市场的发展对经济增长的解释能力很强，结果符合前面各模型的结论。对模型进

行自相关检验结果如表 4－19 所示：

表 4－19 GDP 对数与债券余额对数回归方程残差项自相关检验结果

Autocorrelation	Partial Correlation		AC	PAC	Q-Stat	Prob
		1	0.539	0.539	7.3150	0.007
		2	-0.010	-0.425	7.3178	0.026
		3	-0.350	-0.194	10.716	0.013
		4	-0.474	-0.237	17.317	0.002
		5	-0.419	-0.203	22.767	0.000
		6	-0.221	-0.127	24.375	0.000
		7	-0.005	-0.142	24.376	0.001
		8	0.180	-0.048	25.597	0.001
		9	0.324	0.068	29.853	0.000
		10	0.363	0.102	35.651	0.000
		11	0.183	-0.061	37.253	0.000
		12	-0.083	-0.042	37.618	0.000

从表 4－19 可以得出模型不存在自相关。因此，可以得到 GDP 与债券余额的回归方程：LNGDP＝6.279535＋0.556366×LNK。模型说明，债券市场对经济影响较大，债券余额对经济增长的贡献率较高。

第四节 我国基金市场功能绩效实证计量分析

自 20 世纪 90 年代以来，随着金融证券化、市场自由化以及交易技术的日益复杂化，证券投资基金业已成为同银行业、保险业并列的全球第三大金融产业。金融投资的基金化已经成为国际化的潮流与趋势，作为国际金融市场的主流投资工具之一，证券投资基金在中国自诞生之日起，就受到管理层、研发人员和广大投资者的关注。下面就从基金规模与经济增长的相关性；基金自身的收益、风险、选股能力、择时能力等方面进行实证计量分析。

一、基金规模与经济增长的相关性分析

建立模型：$LNGDP = \alpha_0 + \beta_0 LNK_1 + \varepsilon$。其中，LNGDP 和 LNK 是对 GDP 和基金规模的对数变换。

表 4－20　1998～2013 年 GDP 与证券投资基金规模统计

单位：亿元

年份	GDP	证券投资基金规模
1998	84402.28	120.00
1999	89677.05	510.00
2000	99214.55	562.00
2001	109655.17	804.23
2002	120332.69	1318.85
2003	135822.76	1614.67
2004	159878.34	3308.79
2005	184937.37	4714.18
2006	216314.43	6220.67
2007	265810.31	22339.8
2008	314045.43	25741.79
2009	340902.81	26767.05
2010	401512.80	24228.35
2011	473104.00	26510.37
2012	519470.10	31708.41
2013	568845.21	31179.84

资料来源：根据 1992～2014 年《中国统计年鉴》、《中国证券期货统计年鉴》和《中经网统计数据库》数据整理所得。

运用表 4－20 中数据对 $LNGDP = \alpha_0 + \beta_0 LNK_3 + \varepsilon$ 模型进行回归处理，结果如表 4－21 所示：

表 4－21　GDP 与投资基金规模回归结果

Variable	Coefficient	Std. Error	t－Statistic	Prob.
LOG（K_3）	0.342981	0.028408	12.07351	0.0000
C	9.352687	0.245388	38.11394	0.0000
R－squared	0.912374	Mean dependent var		12.25239
Adjusted R－squared	0.906115	S. D. dependent var		0.657057
S. E. of regression	0.201327	Akaike info criterion		－0.251307
Sum squared resid	0.567454	Schwarz criterion		－0.154734
Log likelihood	4.010458	Hannan－Quinn criter.		－0.246362
F－statistic	145.7696	Durbin－Watson stat		0.625012
Prob（F－statistic）	0.000000			

由表4－21可以得到 $R^2=0.912374$，调整后的可决系数 $R^2=0.906115$。即模型通过显著性检验。对回归方程残差进行自相关检验如表4－22所示：

表4－22　GDP对数与投资基金规模对数回归方程残差项自相关检验结果

Autocorrelation	Partial Correlation		AC	PAC	Q-Stat	Prob
		1	0.473	0.473	4.2894	0.038
		2	0.316	0.119	6.3380	0.042
		3	0.060	-0.167	6.4177	0.093
		4	-0.201	-0.279	7.3876	0.117
		5	-0.184	0.038	8.2723	0.142
		6	-0.282	-0.119	10.566	0.103
		7	-0.186	-0.001	11.672	0.112
		8	-0.169	-0.099	12.699	0.123
		9	-0.327	-0.349	17.086	0.047
		10	-0.207	-0.039	19.135	0.039
		11	-0.181	0.018	21.013	0.033
		12	-0.014	0.067	21.028	0.050

从表4－22结果显示模型不存在自相关。因此，可以得到GDP与投资基金规模的回归方程：$LNGDP=9.352687+0.342981\times K_3$。

上述模型说明：基金市场与经济联系较为紧密，证券投资基金对经济的贡献率较高。

二、基金风险、收益、选股和择时能力的实证计量分析

（一）样本数据的选择

本书拟从整体和个体两个方面对基金绩效进行全面的评价。首先从整体来说，本书选取了中证债券基金指数（H11023）和中证股票基金指数（H11021），从RESSET金融研究数据库导出了它们的月收益率，通过与构造债券基金基准组合和股票基金基准组合比较，从风险收益、风险调整收益和选股择时三方面对我国基金总体进行了考察分析，时间跨度是从2008年到2013年。

无风险利率选择央行公布的一年期定期存款利率，按每年12个月折算成月收益率，市场基准组合对于绩效评价有非常重要的影响，它应该贴近所选择基金样本的类型。由于早在2004年《证券投资基金法》的正式实施，废除了基金投资于国债的比例不得小于20%的规定。此外，我国沪深两市的指数分开计算，而且编制方法不同，不能反映我国股票市场的

综合走势。因此，本书采用上证综指、深圳成指和中证国债指数组合而成了基金基准指数。

股票型基金指数的市场基准组合公式为：0.4×上证综指+0.4×深圳成指+0.2×中证国债指数。

债券型基金指数的市场基准组合公式为：0.15×上证综指+0.15×深圳成指+0.7×中证国债指数。通过 Eviews 软件对上述数据的分析得出绩效指标如表4-23 所示：

表4-23 基金绩效的总体计量分析

	股票型基准指数	债券型基准指数	股票基金	债券基金
月平均收益率	-0.0052	0.0000028	-0.0018	0.0031
标准差	0.0693	0.0248	0.0719	0.01138
贝塔系数	1	1	0.9924	0.3089
夏普指数	-0.1108	-0.1001	-0.0596	0.0489
特瑞纳指数	-0.0052	0.0000028	-0.0043	0.0018
詹森指数	0	0	0.0033	0.0013
选股能力指数	—	—	0.0050	0.0014
择时能力指数	—	—	-0.3730	-0.1387

从表4-23 可以得出：第一，从收益和风险来说，在考察区间，股票基金和债券基金的月平均收益率都高于各自的基准指数，表现优于市场。从风险来看，股票基金从标准差现实的总风险来说，风险高于股票型基准指数，而贝塔系数略低于基准指数，而债券基金两个风险指标都低于基准指数。第二，从夏普指数和特瑞纳指数来看，股票基金和债券基金都优于基准指数。而且从詹森指数来看，债券基金和股票基金都大于各自的基准指数，获得了高于市场的超额收益。第三，股票基金和债券基金的选股能力指标都大于零，而两者的择时能力指数都小于零，但是都没通过显著性检验。没有表现出基金经理该有的选股择时能力。

本书选用30 只开放式股票型基金作为样本，它们是用晨星（Morningstar）基金筛选器选出的成立时间在2006 年12 月31 日之前并且剔除了指数型基金后得到的。之所以选择成立时间在2006 年之前的基金，是因为本书的评价期从2009 年1 月开始，基金从开始成立到2009 年之间有两年的成熟发展期，对于各基金的评价更显公平。评价区间是2009 年、

2010年、2011年、2012年和2013年五个年度，评价期较长更能体现基金的绩效差别。本书的基金数据选用月末累积净值，计算出月收益率。净值数据由“国泰安研究服务中心库”导出。

无风险利率选择央行公布的一年期定期存款利率，按每年12个月折算成月收益率，它在样本期间有过八次调整，所以在数据处理过程中会做相应调整。市场基准组合对于绩效评价有非常重要的影响，它应该贴近所选择基金样本的类型。在A股指数方面，由于我国沪深两市的指数分开计算，而且编制方法不同，不能反映我国股票市场的综合走势。因此，本书采用了中信标普A股综合指数，它采用国际领先的标准普尔指数编制方法，能反映我国A股整体走势，具有良好的市场及行业代表性，其成份股具有稳定的基本面和高度的流动性，十分适合用于投资组合的业绩比较基准，已成为业内多只基金产品及其他金融衍生产品的业绩基准，是中国A股市场的整体走势表征。在债券指数方面，本书选取中信标普全债指数，中信标普全债指数涵盖了在上海证券交易所、深圳证券交易所和银行间市场上市的债券，是一个全面反映整个债券市场（交易所债券市场、银行间债券市场）的综合性权威债券指数。由两者构建的股票型基金市场基准组合公式如下：

$R_m = 80\% \times$ 中信标普A股综合指数 $+ 20\% \times$ 中信标普全债指数

无风险利率和中信标普也都是由“国泰安研究服务中心库”导出。

（二）收益和风险指标分析

根据上面介绍的收益和风险的计算方法，有了以下各基金的月平均收益率、月平均超额收益率、标准差，β系数由Eviews软件对CAPM模型做回归得出，结果如表4-24所示：

表4-24 收益和风险指标

指标 / 基金代码	月平均收益率（%）	月平均超额收益率（%）	标准差	β系数	P值
260101	0.5298	0.2948	2.3098	0.3067	0.0000
260104	1.4600	1.2249	5.8737	0.7478	0.0000
260109	1.2495	1.0144	4.6380	0.5811	0.0000
100026	0.4353	0.2003	2.5364	0.3505	0.0000
160505	0.4762	0.2411	3.1095	0.4372	0.0000

续表

基金代码＼指标	月平均收益率（%）	月平均超额收益率（%）	标准差	β系数	P值
161609	0.4217	0.1866	5.1276	0.6956	0.0000
240009	0.8717	0.6366	6.8643	0.9774	0.0000
160106	0.4835	0.2484	3.1435	0.4549	0.0000
020001	0.2433	0.0083	1.5741	0.2295	0.0000
162208	0.9802	0.7451	6.0691	0.8197	0.0000
257020	0.5328	0.2978	3.7476	0.5497	0.0000
481004	1.0827	0.8476	6.1065	0.8778	0.0000
240004	0.1495	-0.0856	1.6752	0.2468	0.0000
288002	0.6148	0.3798	3.9507	0.5888	0.0000
519692	1.3782	1.1431	6.2603	0.8873	0.0000
180010	0.6850	0.4499	3.5598	0.5063	0.0000
340006	1.1222	0.8871	5.1786	0.7445	0.0000
580002	0.5423	0.3073	4.1215	0.5284	0.0000
530001	0.6027	0.3676	3.3200	0.3662	0.0000
378010	0.6372	0.4021	4.1892	0.5667	0.0000
540002	0.8000	0.5649	4.2617	0.6053	0.0000
310328	0.2647	0.0296	3.5627	0.5197	0.0000
160607	0.8577	0.6226	5.7645	0.8357	0.0000
530003	0.2338	-0.0012	2.4658	0.3656	0.0000
481001	0.6177	0.3826	3.0154	0.4245	0.0000
550002	0.8697	0.6346	5.7922	0.8277	0.0000
163803	0.6708	0.4358	4.7398	0.6680	0.0000
360005	0.7627	0.5276	5.0749	0.7499	0.0000
163503	0.3632	0.1281	3.0662	0.4437	0.0000
202003	0.6065	0.3714	4.4809	0.6059	0.0000
市场基准	0.9940	0.7589	6.3640	1	0

从表4-24可以看出，样本期间内，所有的基金取得了正的平均收益，最大值是基金260104取得的月平均收益率为1.46%，最小值是基金240004取得的月平均收益率0.1495%，但是只有5只基金大于市场基准

组合的0.994%的月平均收益率，表现很差。从月平均超额收益方面看，还有两只基金240004和530003为负值，说明投资这两只基金的收益还不如银行一年定期存款；各基金与市场基准组合比较来说，只有5只基金，也就是17%的基金表现优于市场。从风险比较来看，只有基金240009的标准差大于市场基准组合，而且所有基金的β系数都小于1，并且都通过了显著性检验，表明在这五年的股市低迷过程中，各个基金的风险控制很好，在弱市环境里，基金都通过降低β系数来规避系统风险。

（三）风险调整收益指标分析

根据各基金导出的净值数据和上文提到的方法，计算出了三大经典指数。α系数是用Eviews软件做回归分析得到，P值为α系数的显著性检验值。具体计算结果如表4－25所示。

表4－25　风险调整收益指数

指标 基金代码	夏普指数	特瑞纳指数	詹森α系数	P值
260101	0.1276	0.9611	0.062	0.7041
260104	0.2085	1.6380	0.6574	0.1501
260109	0.2187	1.7457	0.5734	0.123
100026	0.0790	0.5714	－0.0657	0.6793
160505	0.0775	0.5515	－0.0907	0.6177
161609	0.0364	0.2683	－0.3413	0.3176
240009	0.0927	0.6513	－0.1052	0.7824
160106	0.0790	0.5461	－0.0968	0.5475
020001	0.0053	0.0360	－0.1659	0.034
162208	0.1228	0.9090	0.123	0.7627
257020	0.0795	0.5417	－0.1194	0.4981
481004	0.1388	0.9656	0.1814	0.5741
240004	－0.0511	－0.3467	－0.2729	0.0006
288002	0.0961	0.6450	－0.0671	0.6795
519692	0.1826	1.2883	0.4697	0.1876
180010	0.1264	0.8887	0.0657	0.7405
340006	0.1713	1.1915	0.3221	0.2394
580002	0.0746	0.5815	－0.0937	0.7648

续表

指标 基金代码	夏普指数	特瑞纳指数	詹森 α 系数	P 值
530001	0.1107	1.0038	0.0897	0.7732
378010	0.0960	0.7095	-0.0279	0.9206
540002	0.1326	0.9333	0.1055	0.6584
310328	0.0083	0.0570	-0.3648	0.0389
160607	0.1080	0.7450	-0.0116	0.968
530003	-0.0005	-0.0034	-0.2787	0.0111
481001	0.1269	0.9013	0.0605	0.7296
550002	0.1096	0.7667	0.0065	0.9837
163803	0.0919	0.6523	-0.0711	0.7954
360005	0.1040	0.7036	-0.0415	0.8536
163503	0.0418	0.2887	-0.2086	0.1861
202003	0.0829	0.6130	-0.0884	0.7679
市场基准	0.1192	0.7589	0	0

从表 4－25 可以看出，从夏普指数和特瑞纳指数的最后结果来看，仅有 2 只基金为负值，其他 28 只基金都取得了正的风险调整收益，说明承担风险得到了收益回报。从各基金的夏普指数和特瑞纳指数与市场基准组合比较来看，夏普指数仅有 10 只基金超越了市场基准，而特瑞纳指数也仅仅多了 2 只，有 12 只基金优于市场。从这两者来看，基金总体表现不佳；从詹森阿尔法系数结果来看，有 12 只基金的 α 系数大于 0，但是没有任何一只基金的 P 值通过了显著性检验，相反，有 4 只基金的 α 系数为负值并且通过了显著性水平为 5% 的显著性检验，总体来说，样本基金都没能战胜基准市场取得正的超额收益。对这三大指数互相做 Pearson 相关系数分析，三者的相关系数全都大于 0.9，说明三个指标的评价结果很一致。

（四）基金选股和择时能力分析

根据导出的各基金数据和上文介绍的方法，用 Eviews 软件对 T－M 模型做回归分析，得到了 α 和 β_2，α 衡量基金选股能力，β_2 衡量基金的选择时机能力，如果 α 和 β_2 大于零，表明基金管理者具有选股和择时能力。P 值为各自的显著性检验值。计算结果如表 4－26 所示：

表 4-26 选股和择时能力指标

基金代码 \ 指标	α	α 系数的 P 值	β_2	β_2 系数的 P 值
260101	0.2774	0.1560	-0.0054	0.0549
260104	1.1327	0.0411	-0.0119	0.1292
260109	0.7620	0.0940	-0.0048	0.4625
100026	0.0900	0.6387	-0.0039	0.1571
160505	-0.1381	0.5355	0.0012	0.7085
161609	0.1300	0.7469	-0.0118	0.0435
240009	0.1260	0.7861	-0.0058	0.3835
160106	0.1208	0.5266	-0.0054	0.0487
020001	-0.0681	0.4573	-0.0024	0.0641
162208	0.4346	0.3811	-0.0078	0.2713
257020	0.0958	0.6485	-0.0054	0.0760
481004	0.7191	0.0593	-0.0135	0.0143
240004	-0.1938	0.0375	-0.0020	0.1323
288002	0.1382	0.4755	-0.0051	0.0662
519692	0.9037	0.0359	-0.0109	0.0752
180010	0.2923	0.2212	-0.0057	0.0977
340006	0.3666	0.2747	-0.0011	0.8150
580002	0.4378	0.2317	-0.0133	0.0126
530001	0.3529	0.3510	-0.0066	0.2232
378010	0.0813	0.8129	-0.0027	0.5769
540002	0.2320	0.4269	-0.0032	0.4469
310328	-0.0589	0.7691	-0.0077	0.0093
160607	0.0171	0.9616	-0.0007	0.8871
530003	-0.0556	0.6438	-0.0056	0.0018
481001	0.0373	0.8619	0.0006	0.8497
550002	0.2173	0.5714	-0.0053	0.3362
163803	0.3531	0.2751	-0.0106	0.0237
360005	-0.1093	0.6914	0.0017	0.6654
163503	-0.0267	0.8868	-0.0046	0.0924
202003	0.3244	0.3618	-0.0103	0.0446

从表4－26可知，有23只基金的α系数大于零，但是只有4只基金通过了显著性检验，表现最好的是基金260104，为1.1327，并且P值是0.0411，通过了5%的显著性检验。α值为负的7只基金中有1只基金通过了5%的显著性检验，即基金240004，而且它的α值最小，为－0.1938，评价结果最差。总体来看，基金管理者的选股能力不强。对于基金经理的择时能力，仅有3只基金的β_2大于零，但是都没有通过显著性检验。27只β_2值小于零的基金中有15只基金通过了显著性检验，显著说明各基金管理者在对时机的选择方面表现得极差。

第五章 影响我国资本市场结构的功能绩效因素分析

第一节 影响我国资本市场功能绩效总体性因素分析

我国资本市场在短短 30 年时间内走过了发达国家 100 多年的路程，大大促进了我国市场经济体系的确立和发展，但由于发展过程过于短促，在我国资本市场本身也还存在着许多制度缺陷和管理经验不足等问题。

一、信息披露机制不完善

Fama 在探讨市场有效性的条件时给出了市场有效的两个充分条件，分别是：在证券交易中，没有交易成本，一切信息都将无偿地供给所有投资者；在所有投资者心目中，对信息的解释基本一致（Fama，1970）。就我国的证券市场来讲，远不具备这两个条件，尤其是我国证券市场在信息披露的充分性、分布的对称性及时效性方面不仅与 Fama 的条件相去甚远，也与西方发达国家的情况存在较大差距，具体表现在：

（一）信息披露不充分性

按照市场有效性理论的要求，上市公司所有与证券发行、交易有关的信息资料包括历史数据、公司的经营和财务状况、管理状况、盈利机会等应尽可能详细地公开，不得故意隐瞒、遗漏。而实际上，我国的许多上市公司以自身利益为中心，报喜不报忧，只公布对自己有利的信息，甚至有

的公司发布虚假信息。这使投资者无法获得全面准确的信息，难以做出正确的投资决策，降低了市场效率。

（二）信息披露分布的不对称性

一方面，由于缺乏有效的、权威的信息公布和传递渠道，使得各种各样的小报传播的小道消息、谣言满天，低质量的信息传播泛滥。另一方面，部分公司对其信息公开化不够，大多数投资者不能获得应该获取的信息，极少数投资者却能通过采取不法手段获得公司的内幕信息。

（三）信息披露存在的时滞性

有的上市公司故意拖延信息的公布，不按期公布财务报告，不及时公布重大投融资事项、委托理财事项等。另外，我国股市对信息的反应相对于西方国家的股市来说比较慢。西方国家股市对信息的反应几乎是瞬时的，一般仅为 5 ~ 10 分钟，我国则迟钝得多，对信息的完全吸纳花费的时间更长。

（四）信息开发不充分

信息的开发是费时又费财的，只有机构投资者才有能力承担，对个体投资者来讲无力承担。我国的证券市场上机构投资者不仅数量少，而且规模小，存在时间短，缺乏专业的信息开发人员，市场信息开发严重不足，大部分投资者依靠各种“小道消息”进行投资决策。

二、证券品种结构比例失调

资本市场的三大基本证券品种是股票、债券和基金。在三大证券规模比例上，2013 年年底，美国国内公司股票总市值为 24.02 万亿美元，美国债券市场存量是 39.91 万亿美元，美国共同基金规模是 15 万亿美元，三大证券总量达到了 78.93 万亿美元。其中股票市场占三大证券规模的 30%，债券市场占 51%，基金占 19%。相比之下，我国股票总市值为 3.82 万亿美元，债券期末余额总量为 4.78 万亿美元，基金规模为 0.48 万亿美元。三者总规模为 9.08 万亿美元，股票市场、债券市场与基金市场各自占三者总规模的比例是：42%、53%、5%。可以看出，我国资本市场的三个子市场结构不甚合理，其中，股票市场比例过高，越来越多的公司通过发行股票上市来获得融资，造成我国股票市场“失血过多，而自身的造血能力又欠缺”，因此股市“跌跌不休”。而债券市场比例和美国最为接近，债券市场的发展对我国经济起到了不可磨灭的作用。我国基金市场比例太小，只有基金市场发展好了，才能培养机构投资者和长期投资理念，而我国基金市场畸形发展，对我国经济发展很不利。

（1）资本市场的结构性缺陷表现在股票市场上，突出问题是上市公司的股权结构不合理。国有股“一股独大”的股权结构，不仅使股票市场处于严重分割状态，产生了同股不同权、同股不同利的问题，更导致了可流通股与不可流通股在转让定价、流动性和风险规避等方面的不平等。这种状况还导致了上市公司的治理结构不完善和经营绩效低下，并限制了上市公司的资产重组，阻碍了资源的有效配置，降低了资本市场效率。股权分置改革后，上市公司的股权结构发生了变化，社会各类非国有股不断涌入，使得国有股在总股本中的比例有所下降，有效地优化了股权结构，我国股票市场流通股本占总股本比例达到了79.9%。但是目前，上市公司中“一股独大”的局面依然存在，上市公司的股权结构依然高度集中，国有法人股依然占据着绝对控股地位。主板、中小板、创业板等规模结构也有待完善，中小板、创业板市场偏小。

（2）资本市场结构性缺陷表现在债券市场上，一是债券市场结构不平衡，相比于国家债券，我国企业债券的发展相对滞后。在完善我国资本市场结构、优化上市公司资本结构等方面，公司债券的地位是很重要的。企业债一直以来都是我国金融市场的“短腿项目”。我国债券产品结构不够完善，资产证券化债券在我国的发展几乎还是一片空白，应该大力发展资产证券化债券。这是一个非常有前景的债券品种。二是债券市场存在分割现象，具体体现在银行间债券市场、银行柜台的债券交易场所与沪深证券交易所的债券市场之间具有非连通性。怀有不同交易动机的投资者会选择不同市场以不同的价格进行交易，这在一定程度上影响了资产的流动性和资金的配置效率。

（3）债券市场与股票市场的发展呈非均衡状态。我国证券市场主要由承担债权融资交易的债券市场和承担股权融资交易的股票市场构成。在发达国家，债券是资本市场中最重要的融资工具，远比股票的规模和比例大且品种多，债券融资规模往往数倍于股票融资规模，在美国，债券存量是美国国内股票市值的2倍以上。虽然我国股票市场比债券市场晚启动10年，但由于股票供求两旺的市场态势推动了股票市场的双向扩容，股票市场发展极为迅速。截至2013年年底，我国股票总市值为3.82万亿美元，债券期末余额总量为4.78万亿美元。从2012年开始，我国债券市场规模才超过股票规模，说明以前的证券市场结构不合理，债券规模严重不足，这样会导致闲余资金向银行或股市流动，一定程度上改变了各种金融投资工具的理论定价和风险发现机制，降低了资本市场的资源配置效率。债券融资规模的逐年扩大，有利于我国金融市场结构的发展优化。

（4）证券投资基金市场结构有待均衡发展。投资基金自 20 世纪 80 年代进入中国，得到迅速发展。随着 1997 年《证券投资基金暂行办法》的出台，我国证券投资基金的发展愈加规范化、规模化和专业化。证券投资基金的发展，对稳定证券市场、促进资本市场的健康发展起到了重要作用。但就目前证券投资基金的结构而言，其结构还不合理、不均衡。从国际对比来看，中国基金业发展十几年来过度依赖股市和偏股基金的发展，在其他发展领域的短板效应十分明显。截至 2013 年年底，股票型基金资产净值合计 10958. 45 亿元，占全部开放式基金资产净值 27869. 87 亿元的 39. 32%。债券基金资产净值3224. 84 亿元，占比为 11. 57%；货币市场基金资产净值合计 7475. 9 亿元，占比为 26. 82%。我国股票型基金比例过高，而债券基金和货币基金比例过小，不利于我国证券投资基金市场的健康发展。中国应多元化发展，补齐发展短板，加强债券、货币和其他类型基金的发展。

三、资本市场层次结构缺损

经过 20 多年的完善与发展，我国资本市场的层次逐步建立，但与客观要求和发达国家相比还存在不足及不合理之处。表现在：第一，资本市场体系结构倒置。我国的资本市场体系结构与发达国家的成熟资本市场相比，呈现出的是结构倒置现象。发达国家的资本市场结构表现为金字塔型，证券交易所上市标准最高，而且上市公司的规模大，业绩稳定，投资风险较低，适合各类投资者投资，处于金字塔顶端；场外市场上市标准较低，挂牌公司数量众多，处于金字塔底端。我国目前的资本市场则相反，沪、深两市证券交易所市场拥有 2500 家左右的上市公司，但中小板及场外市场发展缓慢，使主板市场形成一定的垄断局面，资本市场结构出现一定的倒置。证券交易所主板市场公司数量很多，规模庞大，但是对中小型企业服务的场外市场却很少，形成了单一层次的市场结构，主板市场形成垄断的局面。主板市场上市要求高、容量小，导致一、二级市场长期处于饱和的状态。上市公司注重融资，忽视经营管理，公司业绩不稳定，这让投资者丧失了信心。第二，资本市场体系层次不合理。我国目前已经有了主板市场、中小板市场、创业板市场、代办股份转让市场和地方产权交易所，但这些市场之间层次不够合理。这些市场之间相互割裂、层次不清。中小板市场与创业板市场表面看是相对独立的市场，实际只是主板市场中的板块，在上市标准、监管措施等方面与主板区别不明显，基本复制了主板模式。代办股份转让市场为部分主板退市公司股票的转让提供了有效的平台，但并不接纳其他股份公司股票的挂牌交易，与真正意义上的全国统一的柜台交易市场还有很大距离。1998 年中国证监会取消包括 STAQ、NETS 在内的全国 26 家证券交易中心，将股票交易集中于沪深两个证券交易所，从而形成了统一标准、方便监管、单一层次的全国资本市场。各地虽然建立了许多产权交易中心，但因前提条件制约（企业法人治理结构尚未真正建立）而使大多数中心处于有场无市状态。

做一横向比较，资本市场发展状态良好的国家及地区都有多层次的资本市场体系，包括几家证券交易所（美、日在 7 家以上），涵盖全国的场外交易系统，以私下交易为主要内容的无形市场等。筹资者与投资者层次的多元化及其需求的多样性客观上要求有多层次的资本市场来提供立体化的金融服务（王静，2005）。在美国，证券市场包括全国性证券交易所、区域性证券交易所、场外交易市场等不同层次。其中，纽约证券交易所是位于最高等级的全国性证券交易所。此外，还有分布在美国各大工商及金融中心城市的 11 家证券交易所，主要交易区域性企业的证券。与交易所的场内交易并列的，是各种场外交易，包括柜台交易、第三市场、第四市场。我国仅有的两家证券交易所——上海证券交易所和深圳证券交易所都算作公司债券，而我国的资本市场又恰恰是分布在东部经济发达地区，这样一方面造成了我国上市公司分布结构严重失衡；另一方面影响了证券市场的资金配置效率。由于我国地域辽阔，区域经济发展不平衡，在相对欠发达地区，企业资金紧张，融资手段较为欠缺，但证券市场又不能把资金合理地配置到这些地区，形成资金供求矛盾（田银华、刘凤根、张敏，2004）。

四、资本市场规范化水平低

中国资本市场在很大程度上由行政力量所左右，弱化了市场的价格发现功能，这就使其表现出了“政策市”的特征。每当证券市场价格快速下跌时，投资者也总是寄希望于政府，相信政府能够推出“利好”的政策措施。这似乎已经成为投资者的一种思维定式。而政府推出的一些行政管制性政策措施，又总是能够收到使证券市场价格发生立竿见影变化的效果。这样一种市场，使得市场机制这只“看不见的手”在证券市场价格形成和变动中的作用受到了很大抑制。在这种情况下，市场主体间的竞争、市场供求关系等于股价的关系就显得不太明了，削弱了资本市场的总体定价效率。

五、市场演化的制度性缺失

我国证券市场缺乏自然演变的过程，发达国家证券市场经历了 200 多年的演变历史。在漫长的制度进化过程中，信用和行业自律发挥着基础性的作用，上市公司、投资者及其中介机构都面临市场自然规则的约束，市场机制及行业规范深入人心。在市场自发演变过程中，交易者的行为特征表现为理性套利。我国证券市场只有 20 多年的历史，在计划经济制度向市场经济制度转轨过程中，一方面，市场经济的经济人属性得到了肯定；另一方面，市场经济内在的诚信与理性缺失，导致市场呈现投机特征。

我国证券市场重视计划干预，忽视市场机制。证券市场是在完全竞争的市场经济条件下形成的，证券市场运行是宏观经济信息对企业价值体系影响的综合反映，政府的作用在于防范市场失灵和证券市场基础设施的建设。但我国则将证券市场制度按照传统的计划经济模式进行管理。在发行制度方面，股票的发行资源、发行规模及发行价格等从本质上仍然是行政控制，市场机制在发行市场起不到应有的作用。在二级市场上，政府干预市场运行的传统计划经济观念表现也十分突出，特别是当证券市场成为服务经济和改革的工具以后，政府在证券市场运行中的作用不断强化，投资者行为受政府行为驱动，市场机制的作用被弱化。

重视做多机制，轻视做空机制。证券市场的做多与做空机制是主导市场均衡的两股力量，是保证证券价格反映价值、发挥市场功能的交易制度。我国证券市场的做空机制不够完善，原因在于无论是中央政府还是地方政府，都把证券市场看成是为企业服务的工具，注重实物交易，忽视做空机制。随着市场规模的扩大，证券市场功能要充分发挥，双向交易机制也越来越迫切，但做空制度在证券市场运行中的作用还没有完全体现出来。

第二节　影响我国股票市场的功能绩效波动的因素分析

我国股票市场的创立和发展，为我国经济发展、公司治理结构的转换、国民投资理财等诸多方面发挥了积极的作用。从上述实证计量分析可知，虽然股市市价总值和 GDP 都在增长，看似股票市场对我国经济发展具有促进作用，但是从微观方面实证得出的结论表明，股票市场对经济增长的解释不显著，这个结论和前面 C－D 函数型模型和 AK 模型所得出的结论是相符的。另外，运用自相关检验和游程检验方法对我国股票市场的有效性进行了检验，结果显示我国股票市场并没有完全达到中强势有效。由于我国股票市场具有“新兴加转轨”的特点，因此我国股票市场内外存在着诸多有碍其功能发挥的因素。

一、股票市场内部结构失衡

（一）股权结构复杂

我国上市公司股权结构十分复杂，股票被划分为国家股、国有法人股、社会法人股、内部职工股和社会流通股。在上市公司的股权结构中，有不能上市流通的国有股、法人股和社会流通股；社会流通股又进一步分为 A 股、B 股、H 股、S 股等。不同类别的股票在股价、流通性和转让程序方面具有很大的差别，形成了同股不同价、同股不同权的状况。

（二）股权结构不合理

股权结构是公司治理的基础，其是否合理决定着公司治理的效率。我国推行股权分置改革的目的在于优化股权结构，完善公司治理机制，提高公司治理效率。股权分置改革后，上市公司的股权结构发生了变化，社会各类非国有股不断涌入，使得国有股在总股本中的比例有所下降，有效地优化了股权结构，我国股票市场流通股本占总股本比例达到了 79.9%。但是目前，上市公司中“一股独大”的局面依然存在，上市公司的股权结构依然高度集中，国有法人股依然占据着绝对控股地位。

（三）国有股"所有者缺位"现象严重

公司治理的核心问题是确保所有者的剩余控制权和剩余索取权，而当前上市公司股权结构存在的一个突出问题就是"所有者缺位"。国有股是非自然人持有的股份，其股东理论上应该属于全体人民，国有资产的所有者也是全体人民。但是真正能够对国有资产使用和处置的只能是代表人民利益的政府机关及其授权的相关部门，而政府机关又委托资产经营公司代表政府行使股权，资产经营公司再向企业派出法定代表人，这种不规范的委托—代理关系会导致上市公司出现经营者的道德风险，逆向选择问题，经理层缺乏为国有资产的利益而实施经营管理行为的激励，从而导致国有股"所有者缺位"现象的出现。

二、投资者构成比例失衡

我国的股票市场投资者有两大类，一是个人，即社会公众；二是机构投资者。股票市场大部分的投资者是社会公众，机构投资者所占比例不高。2013 年年底，股票有效账户 13247. 15 万户，其中，个人股票有效账户 13203. 84 万户，机构股票有效账户 43. 31 万户。机构投资者占总投资者的 0. 33%，个人投资者占比达到 99. 67%。我国股票市场是一个散户投资者占绝对数量的市场。但是综观其他成熟的股票市场，美国的机构投资者有 66%，个人投资者只占 34%，与中国相反。投资者结构不合理，个人投资者比例偏高，投资者持股时间短，交易较为频繁。机构投资者数量较少、规模偏小，短期投机性特征明显。证券投资基金产品不够丰富，业务创新不足，基金公司、金融股权结构不够合理，长期激励约束机制不到位，制约基金业进一步发展。保险公司、社保基金企业年金等其他类型机构投资者参与各种类型的集团型投资监管规则不统一，非公募型投资基金发展不规范，二级市场非公募基金的发展长期处于灰色地带。机构投资者是证券市场上的重要参与者，他们对信息的不断挖掘，会使股价充分反映信息并达到有效。但是我国证券市场上机构投资者很少，成熟的机构投资者就更少，机构投资者数量与个体投资者数量之比大大低于国外发达而高效的市场。机构投资者数量少，使他们之间竞争不够激烈；掌握的资产规模小，使其投资于信息开发获得的收益不足以弥补其信息开发的费用；缺乏高水平、高素质的信息开发人才，即使投资于信息的开发，也不能获得有效的信息，取得相应的收益，因此缺乏市场信息开发的压力和动力。另外，我国虽然于 1997 年 11 月颁布了《证券投资基金管理办法》，但长期以来缺乏健全的机构投资者管理法规，使我国对机构投资者的管理缺乏法律依据，管理不规范，违规现象时有发生。机构投资者无法成为真正的市场操纵力量，降低了市场效率。

三、股票发行制度缺陷

股票发行制度是指一个国家和地区为了协调股票发行公司、投资者、证券监管部门以及参与股票发行的各个中介机构之间利益关系和法律责任等，而制定的并要求发行公司在股票发行过程中必须遵守的法律、法规和规范的总和。不同国家和地区由于经济发展水平、金融体系、金融结构和制度环境不同，因而在股票发行制度上存在较大差异。股票市场制度的合理与否关系着股票市场的资源配置效率的高低，制度的不断发展、创新可以促进股票市场健康有序地发展。从制度经济学角度着眼，一个国家和地区的股票发行制度总是随着经济和金融的发展而不断演化。对于现阶段的中国股票市场而言，发行制度由发行审核制度、保荐人制度、询价制度和发行方式等制度构成。

我国股票市场自成立到现在，经历了审批制、核准制和保荐人制度。但是，中国目前的发行制度还是存在不少问题：首先，企业上市的时间、规模以及上市资格的审核权还是由证监会控制，依然具有很强的行政色彩；其次，由于目前新股发行制度不健全，新股发行出现高发行价、高市盈率和高募资的“三高”现象，严重扭曲了股票市场的定价功能，直接影响到股票市场资源配置效率。事实上，股票发行制度产生的所有问题都与股票发行过程中权力与责任不一致有关，中国股市自诞生之日起就被定位于服务国有企业，这与保护投资者利益形成悖论，并且股票发行制度改革也回避了发行审核的本质问题，当务之急是从制度设计上防止证券侵权，保护投资者利益。

党的十八届三中全会提出了推进股票发行注册制改革，这无疑给几近绝望的投资者带来新的期盼，于是，社会各界迫不及待地呼吁股票发行实行注册制，寄希望于通过注册制来彻底改变长期以来股票发行市场存在的问题。对股票发行审核制度的分析表明，不论采用什么形式的发行审核制度，保护投资者利益才是发行审核的根本目的，是核准制和注册制的本质所在。要实现党的十八届三中全会提出的目标，建立股票发行注册制将是一个漫长的过程，绝不可能一蹴而就。然而，深化经济改革和新一轮金融改革需要一个健康的资本市场，中国股市回复基本功能迫在眉睫。

四、监管机制不完善

我国股票市场的整个监管流程包括：市场准入机制、信息披露机制、市场退出机制等。这些环节在不同程度上都存在不完善的问题。从准入机制来看，公司上市仍旧属于“稀缺资源”，一些业绩好、经营管理水平高的企业很难迈进股票市场的大门。在信息披露机制方面，2002 年证监会推行强制性信息披露机制，借以增强市场透明度，消除市场信息的不对称分布。但在强制推行中也存在一些问题，使得理性分析工具对中国的股票市场作用不大，造成了投资者对信息披露的漠视，从而影响了股票市场的定价效率。在市场退出机制方面，中国股市从 2001 年起才实施真正的市场退出机制。但是实施之后其缺陷也是显而易见的：第一，退市惩罚对违规公司相对较宽松；第二，退市机制的标准设置缺乏具体、操作性强的细则，退市公司出现了“区别对待”现象。这种退市机制的设置也使得上市公司本身对市场监管的权威性有质疑，进而影响到市场对投资工具的准确定价，最终导致股票市场功能的错缺。

五、市场操纵盛行

根据 Fama 的有效市场假说，市场可以分为弱式有效市场、半强式有效市场、强式有效市场。根据这个理论经过实证证明，现在的中国股票市场是弱式有效市场。由于我国股市投资功能的缺失，市场沦为投机市场、信息不完全、投资者结构失衡，机构投资者比例太小以及监管不到位等原因，我国股票市场操纵行为盛行，已经演变成较纯粹的“赌场”，歪曲了股票市场正常的功能。

市场操纵行为危害巨大，操纵股价是一种违法违规行为，破坏了交易市场的公平、公开、公正原则。操纵现象通过影响其他投资者的行为使市场有效性恶化，它扭曲了股票价格对股票实际价值的反映，使得价格发现机制的作用大大弱化，既严重干扰了股票市场的正常运行机制，也制约了竞争市场基本功能的发挥，使得市场资源不能实现最优化的配置，运行效率降低，市场波动加大，削弱了股票市场上投资者的信心，市场操纵现象在遇到极端情况时还会导致股票市场的崩溃。我国资本市场虽然经历了多年的坎坷发展，但仍然属于新兴资本市场，很多功能尚不完善，而股票市场作为资本市场的窗口，其是否健康发展更是关系到国民经济能否持续稳定前进的大计。股市的健康发展也关系着企业融资的有效性，决定着资金是否能够合理配置到优质企业中，让好的企业做强做大，不好的企业不能把股市当成资金的圈钱机。

第三节 影响我国债券市场功能绩效因素分析

改革开放以来，我国债券市场在我国经济持续、快速、健康发展过程中起到了重要作用，但依然存在诸多不足影响着其功能的充分发挥，例如，债券发行机制市场化程度不够；债券期限品种尚不丰富，缺乏短期国债；各类期限国债未能做到连续、定期发行；未能建立一个统一的国债市场；债券市场流动性不足等。具体不完善主要如下。

一、债券市场的制度性缺陷

我国正处于经济转轨时期，政府主导型的制度安排、政企不分的产权制度及资本市场的行政化是我国债券市场存在制度性缺陷的主要原因。我国债券市场制度性缺陷具体表现在不尽合理的债券发行制度、交易制度和信用评级制度。

首先，在发行制度方面，过去债券发行一直实行行政审批制。近几年，虽然国债和政策性银行金融债券已经改革，发行实行报备核准制，但企业债券的发行仍实行多部门审批制，而且不同部门制定的发行审批规则差别很大，造成债券的发行审批标准不同。其次，在交易制度方面，由于银行间债券市场、交易所债券市场以及银行柜台债券市场相互连通不足，导致交易对象减少，交易市场发展缓慢，使得债券持有人不能及时将手中的债券转让出去，债券交易的流动性成本较高，债券二级市场的疲软，反作用到一级市场上就会使发行出现困难。最后，在信用评级制度方面，债券信用评级制度是否规范关系到债券市场能否顺利发展，在成熟的市场经济条件下，债券的信用评级工作应该拥有独立财产，承担无连带责任的权威性的评级机构来担任。目前，我国的评级机构缺乏独立性，在人员资金

管理以及业务来源等方面与原主管部门有着千丝万缕的关系，并且我国缺少职业的全国信用评价机构，这些评价机构间缺乏竞争，且无严格的评级管理制度，评估过程中难免带有主观因素，甚至有些信用评级机构为骗取利益而进行虚假评级。

二、我国债券市场发展尚处于初级阶段

在资源配置功能、投融资功能、风险规避功能、价格发现功能等方面的市场绩效尚未得到充分发挥。实际上，市场绩效发挥不充分是新兴市场发展必须要经过的阶段。目前，我国债券市场现存的这些问题都是新兴市场发展所面临的共有问题。但具体到每个国家债券市场的实际，只有找准存在问题的根源所在，才能正确把握债券市场的发展方向，才能找到切实解决存在问题的正确方法。根据 SMP 分析框架的基本逻辑关系，市场绩效的高低或发挥程度是受投资者结构和市场模式两个因素共同制约或决定的。下面，本书将从投资者结构与市场发展模式以及债券市场的外部生态环境多方面展开分析，以探求我国债券市场存在问题的最本质原因。

三、投资者结构不合理

根据债券市场的 SMP 分析框架，投资者结构是决定市场模式和市场绩效的基础。也就是说，一国债券市场的投资者定位和投资者素质是决定该市场发展水平的关键因素之一。投资者定位是债券市场发展的逻辑主线，定位的正确与否将决定着市场的发展模式、决定着市场的发展方向是否正确；投资者的素质和水平则在很大程度上决定了债券市场的绩效发挥、决定着债券市场的发展水平。从投资者的组成结构和成熟程度角度来看，目前在我国债券市场的投资者结构方面主要存在着企业债券市场投资者定位错误，机构投资者趋同和投资者素质总体水平不高等问题，正是这些问题的存在严重制约了债券市场功能的充分发挥。

四、债券市场的投资者定位错误

作为一种固定收益工具，债券具有相对确定的未来现金流，收益相对稳定，安全性相对较高，但对少量资金而言，其交易成本较高，投资收益率较低，因而通常由拥有大量资金且看重投资安全性的机构投资者持有，并主要通过大额交易来取得规模效应，提高收益。与国债相比，公司债券

具有信用风险，且信用等级差异很大。这就要求投资者应具有专业的知识和技能，具备较强的市场分析、风险识别和风险承受能力，能够进行大量的信息收集和处理工作，对债券的投资价值进行准确评判，而这些往往是个人投资者所不具备的。个人投资者除了将具有政府信用的国债作为储蓄替代品，或通过投资基金产品来分享债券市场的收益，一般对于债券投资并不感兴趣。债券的内在属性决定了其必然是以机构投资者为投资主体，发展我国债券市场必须牢牢把握住以机构投资者为主体这一投资者定位。

从发达债券市场的发展经验来看，债券市场尤其是公司债券市场也主要定位于机构投资者。在美国等绝大多数发达市场中，95%以上的债券都由保险公司、共同基金、商业银行、养老金、工商企业和外国政府机构等机构投资者持有，个人投资者一般通过购买债券基金和债券信托等方式间接投资债券。新兴市场国家也呈现出类似的特点，如韩国公司债券的最大持有人是投资信托公司，持有量为37%左右；其次是银行，持有20%左右。在我国这样的转轨经济和新兴市场中，由于金融基础设施和金融服务的不足，机构投资者还没有完全发展起来，债券品种主要是具有政府信用的债券，在债券市场发展之初投资者定位偏重个人和中小投资者合乎当时的市场环境。但随着我国市场经济体系的逐步建立和金融体系的逐步完善，仍以个人和中小投资者为投资者主体，就必然导致投资主体的错误定位。这也是自20世纪80年代末期以来，我国债券市场经过多年的发展但仍然滞后的主要原因之一。1997年以后，随着银行间债券市场的建立和发展，整体而言，我国债券市场的投资者定位不断从个人等中小投资者向金融机构等合格机构投资者调整，目前国债、金融债、短期融资券、资产支持证券等大多数债券品种都主要或完全定位于机构投资者，债券市场的发展逻辑从根本上得到了矫正，从而在近几年取得了快速的发展，市场筹资量、存量、交易量等规模已远远超过股票市场。

然而，目前我国以非金融机构为发行主体的企业债券市场发展仍严重滞后，以至于影响到我国债券市场资源配置功能的发挥和金融体系融资结构的优化。其关键就在于投资者定位尚未从根本上转变。正是由于长期以来我国企业债券主要面向风险识别能力和承受能力较差的散户和中小机构投资者发行，加之企业诚信普遍缺失，信息不透明和监督机制不完善，为了保证企业债券到期能够按时兑付，这样的投资者定位使得监管部门对企业债券采用了以零风险为目标的计划管理理念，对发行人资质、发行额度、发行利率等进行严格控制，极大地抑制了公司债券市场规模的扩张。同时，强制要求担保，信用风险往往转移到了商业银行尤其是国有银行身上，抹杀了企业债券的信用差异，这必然使市场化的风险定价机制难以形成，债券信用评级流于形式，投资者不太关注发行人的信息披露，相应的信息披露制度建设也不到位。总结我国公司债券市场发展的经验教训，错误的投资者定位，以及企业信用的缺失，是我国公司债券市场存在一系列问题的逻辑根源，是造成目前公司债券市场发展严重滞后的主要原因。

五、机构投资者趋同，类型相对单一

如前所述，债券的属性决定了债券市场是一个以机构投资者为投资主体的市场。机构投资者是债券市场重要的稳定因素和活跃力量，合格的机构投资者是债券市场健康发展的基本要素。银行间债券市场建立以后，一直坚持面向机构投资者的市场定位，经过十多年的发展，投资者类型日益丰富，从市场建立之初只有商业银行参与的状况，发展到目前市场参与者类型已包括商业银行、信用社、保险公司、证券投资基金、证券公司以及信托公司、财务公司、租赁公司等非银行金融机构和企事业单位等各类机构，初步形成了多元化的机构投资者格局。但是，从机构投资者的构成来看，我国债券市场的机构投资者类型还相对单一，同质化现象较为严重，这与国外发达债券市场相比还有一定的差距。市场的活跃和流动性的提高需要有多样化的市场需求为基础。目前我国债券市场存在单边市场、流动性不足、创新工具推广困难等问题，市场参与主体同质化严重是症结之一，并且已逐渐成为制约我国债券市场进一步发展的重要因素之一。

六、债券市场分割，债券结构失衡和监管失效

当前中国国债与金融债券的交易集中在银行间债券交易市场和交易所市场，商业银行柜台交易市场刚刚起步。银行间债券市场主要作为一级发行市场，采用场内交易方式，记账式国债和政策性金融债券只在银行间债券市场发行，而不公开发行。凭证式国债则通过银行柜台市场发行，并且大多数不上市的企业债券也通过证券机构的柜台市场发行。债券发行之后进入二级流通市场时，大多数债券在各子市场间是被限制自由流通的。受经营监管理念、市场发育水平以及部门之间权利平衡等因素的影响，中国债券市场形成了按债券分类品种进行管理和交易的格局。目前，银行间债

券交易市场与交易所债券市场还处于严重分割状态。

各个债券市场分割造成了很大的影响：首先，从中国债券市场的规模和结构来看，各个组成部分发展极不平衡，企业债券市场发展明显落后于国债市场，国债和金融债占据主导地位，真正的企业债券市场尚未形成。其次，各个债券市场的同时存在引起监管责任主体的分散，债券市场多头监管造成监管低效。

第四节 影响我国基金市场功能绩效因素分析

随着我国经济的快速发展，基金在资本市场的占比越来越大，对国民经济发展的作用也越来越重要。但是C－D扩展模型实证结果表明基金规模的增长没能有效促进经济的增长，而且从个体基金的绩效来看，大部分基金表现不如大盘，并且也没体现出基金专业的选股择时能力。主要原因如下：

一、基金投资行为存在显著的“羊群效应”

基金在市场的运作中会产生出某种负面效应，其中最为典型的就是基金的“羊群效应”。所谓羊群效应，就是指个体跟随“市场领导者”发出的信号进行操作，造成市场一个时期价格和收益率的涨跌将趋向于加强下一个时期价格和收益率的涨跌，甚至导致“过度波动”等现象的出现。基金的“羊群效应”的产生首先来自委托人和代理人利益的不一致性。在委托—代理机制中，基金管理人会采取与其他管理人相同的投资决定，这样即使投资行为失误，也不会被认为是个人的能力问题。同时，对基金业绩的评价往往与同行业的平均业绩水平进行比较，对基金管理人的业绩报酬也是以市场指数或同行业绩为参照，就更加剧了基金管理人在市场时机或资产品种的选择中采取与同行业保持相对一致的策略。其次，这种情况还是由信息不对称造成的。由于投资者对所投资市场和投资个股信息掌握不充分，所以更容易跟随市场领导者而行动。被迫采取跟随明星基金公司行动的投资策略，投资策略相同是基金公司对市场运行起到助涨助跌作用的重要原因。在这种效应的作用下，市场正常的运行秩序受到影响，同时也会破坏基金的创新机制而导致整个基金行业的平庸化，影响基金资源优化配置效应的实现和整个基金业的发展。

二、投资范围有限，资产管理能力不高

目前我国的金融市场还不是十分发达，金融产品单一，基金可选择的对象只有股票、国债等少数几类，而且由于我国上市公司的股利发放数量较少，基金的收益主要依靠资本利得而不是红利，基金管理人在选择股票时往往倾向于少数能获得资本利得的股票。这样一来，本已有限的投资范围就更小了，使多元化投资、分散风险的投资理念无法得到较好的贯彻执行。同时，股票市场在本研究时期内没有如期货、期权、掉期等衍生工具，并且市场缺乏做空机制，资金只能通过单向做多来获取收益，这制约了基金公司在风险管理方面的能力，导致其组合投资管理手段有限，无法充分显示出专业投资人相对普通投资者的比较优势。一旦影响证券市场的利率、货币供给等外部因素发生变化，导致股市行情下跌，基金所持有的资产必然随之缩减，使基金投资者遭受巨大损失。

三、基金内部治理结构不甚合理

首先，基金持有人大会虚置。我国《证券投资基金法》规定代表基金份额10%以上的持有人有权自行召开持有人大会和自行提案审议。但是目前基金持有人大会缺乏具有实际操作性的措施保障，造成基金持有人大会虚置问题，主要是因为基金持有人大多缺乏参加基金管理的热情，而且基金持有人大会不定期，容易被忽视。其次，独立董事制度存在局限。根据2004年《证券投资基金管理办法》规定，基金管理公司都建立了独立董事制度，但是由于基金公司的独立董事完全由基金公司的股东提名，所以聘请的独立董事只对基金公司的股东负责，而不对基金持有人负责，他们并不承担维护基金持有人利益的职责。再次，缺乏有效的基金激励机制。我国《证券投资基金法》规定，基金管理人的报酬以年底基金净资产值的1.5%年费率计提管理年费，开放式基金还要另外加上1.5%左右的申购费和0.5%的赎回费。这意味着基金规模越大，提取的管理费越多，基金管理人收入越高。这种报酬制度造成基金管理人的报酬与管理能力没有直接关系，只取决于基金规模，不仅导致基金管理人人为做市值的道德风险，而且造成基金管理人的收益报酬和风险责任不对称，导致基金

管理人自然缺乏盈利的动力。最后，基金托管人地位缺乏独立性。我国现行法规规定基金托管人有监督基金管理人进行投资运行的职责，但通常这种监督难以实现，原因在于，基金发起人一般就是基金管理人，他有权决定基金托管人的选聘，并且经中国证监会和央行批准后，还有权撤换基金托管人。

四、监督机构监管不力

目前我国基金监管主要是政府证券监管部门的监管，而市场监管以及证券投资基金的自我监管相对较弱。一个完善有效的监管体系应当是市场监管与政府监管并重的监管体系，我国基金市场经常出现丑闻事件，监管失灵问题严重，其中一个重要表现是证券投资基金市场违法行为不断，内幕交易、“老鼠仓”等问题屡禁不止。政府监管不利的一个重要原因是执法机构和执法人员自身的利益与证券投资基金中的违法行为在利益上的相关性不强。此外，监管权力的过度膨胀和集中将会导致监管部门的权力“寻租”和腐败现象，最后势必导致监管失灵。另外，政府监管能力也是有限的，不可能面面俱到。

第六章　我国资本市场结构的优化目标与对策

第一节　国际成熟资本市场结构

从国际上看，美国、英国拥有世界上较完善的资本市场，分层结构也较为复杂，但也最为合理。实践证明资本市场应该分层，只有完善的资本市场分层结构，才能有效地推动国民经济发展。

一、美国资本市场结构

以股票市场、债券市场、基金市场作为资本市场的考察对象，在三大证券规模比例上，截至 2013 年年底，美国国内公司股票总市值为 24.02 万亿美元，美国债券市场存量是 39.91 万亿美元，美国共同基金规模是 15 万亿美元，三大证券总量达到了 78.93 万亿美元。其中股票市场约占三大证券规模的 30%，债券市场约占 51%，基金占 19%。

（一）美国股票市场

美国证券市场大致包括全国性证券交易所、区域性证券交易所、场外交易市场等几个层次。美国全国性证券交易所有纽约证券交易所（NYSE）、美国证券交易所（AMEX）和 NASDAQ，集中交易“国家级”上市企业的证券，其公司上市条件依次递减，公司依自身规模、特性选择融资市场。NYSE 的等级最高，是美国也是世界最著名的证券交易所，主要交易知名大企业的股票、债券，NASDAQ－AMEX 市场已发展成为与纽约证券交易所不相上下的全球最著名的场外交易市场；区域性证券交易所有太平洋交易所、中西交易所、波士顿交易所、费城交易所等地方性市场，主要交易区域性企业的证券和一些本区域在全国性市场上市的公司股票。地方性证券交易市场为地方中小企业开辟了直接融资的渠道，以更为灵活的政策为之服务，同时增加了地方居民和其他投资人的投资选择；场外交易市场包括 OTCBB（Over the Counter Bulletin Board）场外电子柜台交易系统和 NQB（National Quotation Bureau）店头证券市场等场外交易市场。

美国证券市场各层次市场之间建立了升降制度，其分层结构可以应对不同规模企业不同的融资成本和风险。那些中小企业只有先在底层证券市场中筹措创业资本，接受“层层”关照和挑选“试铺”，在企业成长壮大后再迈进更高一层的市场，直至申请全国市场挂牌。例如在 OTCBB 上市的公司，只要净资产达到 400 万美元、年税后利润超过 75 万美元、股东在 300 人以上和股价达到每股 4 美元的，便可直接升入 NASDAQ 的小型资本市场，净资产达到 1000 万美元以上的可直接升入 NASDAQ 市场。以微软、英特尔、网景、苹果、CMI、通信、思科、Yahoo 等高新技术企业为代表的美国新兴产业都是在 NASDAQ 市场上创建并发展壮大的。以盖茨、克拉克、贝佐斯、葛洛夫、杨致远为代表的现代创业者也都是从这一市场中成长起来的。因此，分层次的证券市场是美国企业获得规模经济必不可少的条件。

在美国，除了纽约证券交易所、NASDAQ、OTCBB 等资本市场之外，还有第四、第五层次市场等，如几家券商约定的不定期交易市场等。总之，美国各层次的资本市场共同形成了一种无缝隙市场结构，为美国各层次企业提供筹资机会。

（二）美国债券市场

美国拥有全球最大的债券市场。根据美国证券业与金融市场协会（Securities Industry and Financial Markets Association，SIFMA）数据，2013 年年底，美国债券市场存量为 39.91 万亿美元，与美国当年 GDP 之比为 2.37。美国债券市场的债券品种主要包括货币市场产品、国债、市政债、联邦机构债、公司债、资产证券化类产品（MBS 和 ABS）。其中，资产证券化类产品规模较我国来说非常巨大，达 9.974 万亿美元；国债、市政债、联邦机构债、公司债和货币市场产品的规模分别为约 11.854 万亿美元、3.671 万亿美元、2.058 万亿美元、7.457 万亿美元和 2.713 万亿美元。整体来看，美国债券市场上各大类产品的绝对规模都很大，而且品种发展较为均衡，产品结构非常完善。具体来说，近几年美国债券市场的发展呈现的特点，从绝对规模来看，债券市场总规模稳步增加，住房抵押贷款支持证券（MBS）、国债和公司债市场规模居前三位。次贷危机前，美国 MBS 市场存量保持历史高位，企业债、货币市场产品以及资产支持证券（ABS）产品迅速发展。次贷危机后，国债发行量急剧攀升，信用产品市场发展有所放缓。美国债券市场流动性高。以换手率作为衡量市场流动性的指标，换手率等于全年成交量与市场存量的比值。具体来看，美国国债的流动性最好，其次为 MBS，再次为联邦机构债。市政债和公司债的流动性较差，换手率很低。

2013 年年底，国债市场规模为 11.854 万亿美元，其中通货膨胀保护债券（TIPS）占比为 8.2% 左右。Bills 指期限在 1 年以内的国库券，占国债市场总量的 13.42%；Notes 的期限为 1～10 年的名义国债，占国债市场总量的 66.5%；Bonds 是期限在 10 年以上的名义国债，占国债市场总量的 11.88%。美国国债一直是全球资金的避险投资标的，分析其原因主要是：首先，美国国债种类丰富。美国国债期限从 3 个月到 10 年不等，付息方式灵活多样，有利于进行投资组合。美国国债交易方便，市场活跃，易于变现。其次，美元的国际货币地位高。美国是世界最大贸易国，近 70% 的国际贸易以美元结算，世界各国同美国的联系越来越密切，且中国、日本等国在同美国的贸易中，长期处于顺差，且规模不断扩大，使得这些国家的外汇储备币种以美元为主，这些储备则不断买入美国国债。最后，美国国债的安全性相对较高。全球金融风暴导致美元的强势地位陷入危机，但与此同时，欧元、英镑和日元的表现却更弱，这些货币目前还都不能替代美元的国际地位。因此，在当前国际金融形势复杂多变的情况下，在相当长的一段时间内，投资美国国债依然是目前最主要的选择。

（三）美国基金市场

美国共同基金的规模占全球半数，共同基金是美国市场上主要的金融投资工具、最大的机构投资者，美国近半数的家庭投资共同基金。美国家庭对于直接持有股票的需求一直在下降，而更倾向于通过注册的投资公司来间接地持有股票。2012 年，家庭投入投资公司的资金增加了 4820 亿美元，而直接投入股票的资金减少了 2990 亿美元，直接投入债券的资金减少了510亿美元。这些数据也表明美国家庭是信任投资公司的，更乐意通过投资公司而不是直接参与二级市场。投资公司总共持有28%的美国股票资产，其中共同基金持有24%。过去的20年，投资公司一直是美国金融市场上的最大机构投资者。美国各种金融机构都发行注册基金。在2012年年底，76%的公募基金管理人为独立顾问公司，管理着投资公司总资产的63%；5%的基金管理人为保险公司；6%的管理人为银行或储蓄机构；2%的管理人为证券经纪公司；10%为非美顾问公司。可以看出，独立的基金管理公司仍然是主角。美国市场激烈的竞争使得基金的成立和退出成为常态。2001～2012年期间，美国有7488只新基金成立，7104只基金被清盘或合并，新生与消失比例为1.05∶1。在同一期间，美国累计有545家新基金公司成立，540家关闭，新建与关闭大致持平。平均看，每年有5%～9%的基金公司被淘汰。2013年，美国共同基金规模约占世界半数，产品结构相对均衡，股票型基金占57.51%，债券基金占27.2%，货币基金占7.46%，混合基金占7.83%。美国市场较为稳定，虽然市场高度竞争，但是前5大基金公司占据了40%的份额，前10大公司占据了53%的份额，这样的结构已经持续了很多年，预计未来也会维持这样的结构，竞争日趋激烈，但是基金公司会分化，强者恒强的态势会持续，中小公司突围变得不容易。金融危机后，美国投资者对于长期投资基金（股票基金、债券基金、混合基金）的需求增加，资金从短期投资的货币基金中，持续地流入到了长期投资的基金中。2012年，净流入长期投资基金（股票基金、债券基金、混合基金）的资金达1960亿美元，这跟美国市场在金融危机后的表现有关，如美国股票市场已经完全收复了金融危机期间的跌幅。美国ETF经历了快速的成长，到2012年年底，ETF数量达到了1194只，管理资产规模超过了1.3万亿美元。美国的基金得到了投资者的普遍信任。2012年的调查表明，80%的基金持有人对基金实现他们的投资目标有信心。可以说，美国基金业通过长期的发展，为投资者做出了贡献，也塑造了自身的良好声誉。

二、英国资本市场结构

（一）英国股票市场

英国股票市场是欧洲最大的股票市场，也是世界上最具有国际性的股票市场。在伦敦交易所的会员公司中，有1/3是由外资控制的。世界上著名的大银行和证券商大部分是伦敦国际股票交易所的会员。英国股票市场包括三个市场。首先，伦敦证券交易所。与全球其他主要的证券交易所相比，在伦敦证券交易所（以下简称“伦交所”）上市的国际企业数量最多，所占比例最高；伦交所也继续成为世界各国特别是英联邦国家企业海外上市的重要选择。伦敦证券交易所集团是世界领先的多元化的交易所集团，其于 2007 年 10 月以 16 亿欧元收购意大利米兰交易所。伦交所拥有欧洲最大的股票业务，居交易额和交易量欧洲第一。同时，伦交所拥有欧洲最大的电子债券交易业务及欧洲最大的交易所交易基金业务。伦敦证券交易所于 1986 年 10 月进行了重大改革，包括：改革固定佣金制；允许大公司直接进入交易所进行交易；放宽对会员的资格审查；允许批发商与经纪人兼营；证券交易全部实现电脑化；与纽约、东京证券交易所连机，实现 24 小时全球交易。这些改革措施使英国证券市场发生了根本性的变化，巩固了其在国际证券市场中的地位。截至 2013 年年底，伦敦证券交易所上市公司数量近 2500 家，总市值是 4.42 万亿美元，是英国当年 GDP 总量的 1.775 倍。2013 年，伦敦证券交易所共迎来 105 家新上市公司，新增上市公司数量创 2007 年以来的新高。105 家新上市公司共筹集 157 亿英镑，其中 43 家公司登陆伦交所主板市。2013 年明显看到英国市场信心的回归。其次，AIM 市场，英国 AIM 市场的全称是英国另类投资市场（Alternative Investment Market，AIM）。AIM 市场是由伦敦证券交易所在 1995 年 6 月成立的，是第一家欧洲的二板市场。它主要为新创建的小企业提供融资服务。挂牌上市的企业可以是高科技企业，也可以是传统的制造行业，或者是第三产业的服务公司，而且 AIM 市场对公司的资金实力、企业规模、盈利状况等没有任何的要求。二板市场附属于伦敦证券交易所，但二板市场有其独立的运作规则和管理机构，交易所主要提供各种“硬件”设施。在二板市场中，高技术产业（尤其是信息技术产业）的公司占据了其中的主要地位。在 2013 年共有 98 家公司在 AIM 首次上市，募集资金 19.16 亿美元。最后，未挂牌股票市场。未挂牌股票市场又称为未上市股票市场，它建立于 1980 年，是为满足那些规模较小、较不成熟、还不可能成为申请完全上市的公司的需要，为这些公司的证券提供一个正式的、合理的市场。这个市场被看作是过渡到证券交易所正式挂牌的台阶，因此被称为第二市场或二层市场。

英国股票市场的主要特点为：第一，英国股票市场的国际性。伦敦证券交易所受理超过 2/3 的国际股票承销业务，运作世界上国际性最强的股票市场，其外国股票的交易超过其他任何证交所，外国股票的平均日交易额达到 195 亿美元，远远高于其他任何主要证交所。伦敦的外国股票交易额始终高于其他市场。这反映了外国公司在伦敦证券交易所业务中的中心地位，在伦敦证券交易所交易的外国股票远远超出英国本土的股票，这种情形是独一无二的。伦敦市场的规模、威望和全球性，意味着在这里上市和交易的外国公司可获得全球瞩目和覆盖。由此可见，英国股票市场的国际化特点是很显著的。第二，英国股票发行市场的业务专业化。在英国，存款业务和证券业务历来是分开的，普通银行专营信用业务，证券金融业者专营证券买卖业务，交易所与证券买卖机构是各自分别承担专业任务。英国股票发行市场有证券银行、信托及金融公司、发起业者、经纪人等发行机构。它们各自具有独特的职能，分担不同的专业任务，有明确的业务范围。这种业务专业化的特点使英国股票发行市场缺乏统一性，割裂了证券业之间的联系，限制了股票筹资及交易的发展。第三，投资机构在英国股市中起重要的作用。英国的机构投资者除了金融机构外，还有人寿保险、养老基金、联合托拉斯、投资信托等。

（二）英国债券市场

英国债券市场自创立以来，得到了长足的发展，从发行量来看，目前为全球第六大市场，排名在美国、日本、意大利、德国和法国之后，英国债券市场中，公司债券市场规模不大，债券市场主要以金边债券为主。英国债券市场起步较早，发展较为成熟，债券市场每年的融资量通常在 1500 亿英镑以上。根据 BIS 统计，截至 2013 年年末，英国债券市场余额（不含证券化产品）为 2.17 万亿美元，债券市场余额占 GDP 比重约为 87%。在债券市场结构中，以政府债券（金边债券）和金融机构债券为主，公司债券比重较小。

英国债券市场的主要特点为：第一，债券市场以批发市场为主体。在批发市场上，投资者对债券的认购数额大，这些投资者多为机构投资者，但也包括大量投资债券的个人投资者，这个特点与英国作为金融中心相关。英国债券市场上的交易者，都是国际化的，由于英国债券市场的容量大，适合大额投资。以批发市场为主的特点，也影响到英国债券市场的结构。英国大部分债券是国债和金融债券，公司债券只占约 1%，远低于美国。之所以如此，除因为英国公司自有资金较多，无须大量借钱外，还因

为公司债券的发行量小，不能满足大额投资者的需求。第二，场内与场外债券市场功能完全不同。在英国，债券发行通过在交易所挂牌，由银行及其他金融机构承销来实现。债券的交易几乎全部在场外市场进行，也就是说，交易所主要为债券的发行提供平台，场外市场成为债券交易的主要场所，因为英国债券投资者持有债券的数量很大，与此相对应，单笔交易的数量也很大，一对一的询价交易是其主要的交易方式，没有必要通过交易所去做。第三，依靠行业自律维持市场稳定运行。英国债券市场规范有序，这有很多原因：伦敦作为国际金融中心，聚集着一大批精通金融操作的专业人才；英国作为老牌金融帝国，有着良好的信用文化和金融氛围；1998 年设立的金融服务局，具有良好的职业操守、很强的监管能力。特别值得一提的是市场成员的自律。在英国，要发行债券，不管发行人是本国的机构，还是外国的机构，不论是政府部门，还是工商企业，都会按照法定的条件向金融服务局提出发行申请。债券的交易市场并没有金融当局的监管，发挥管理职能的是行业自律组织。

（三）英国基金市场

英国是现代投资基金的发源地。1868 年，世界上第一个投资信托——外国和殖民地政府信托在英国诞生。1879 年《英国股份有限公司法》颁布，象征着投资基金从契约型进入股份有限公司专业管理时代。1943 年，英国成立了海外信托契约组织，除规定基金公司以净资产价值赎回基金单位外，还在信托契约中明确了灵活的投资组合方式，它标志着英国现代证券投资基金的开端。20 世纪 40 年代到 20 世纪 80 年代，开放式基金逐渐超越封闭式基金，实现规模快速增长。从 20 世纪 80 年代至今，监管的法律法规不断出台，行业自律性组织保障严格，基金行业发展更加蓬勃和规范。截至 2013 年年末，英国基金业管理资产规模 1.167 万亿美元，英国基金业的资产规模 2013 年从 0.986 万亿美元增加到了 1.167 万亿美元，增幅达到 18.4%。从基金资产分布来看，英国股票型基金资产规模 2013 年年底达到了 7241.14 亿美元，在全部基金业中占比达到了 62.06%，债券基金资产规模超过 2000 亿美元，占比达到了 17.6%，也在英国市场具有一定的影响力。英国的混合基金资产规模比较少，为 1077.77 亿美元，占比不到 10%，而货币基金规模更小，只有 72.44 亿美元，占比只有 0.6%。从销售渠道来看，其渠道构成也体现出多元化的特点，已形成综合性、立体化的基金营销系统，主要包括基金公司直销、银行代销、理财顾问、机构专户及私人银行等。金融危机之后，独立理财顾问（Independent Financial Adviser，IFA）渠道逐渐替代银行代销占主导地位。

英国基金业发展的特点为：第一，自律性协会对基金行业发展起着重要作用。英国具体的共同基金投资管理实体是各类民间管理协会，如共同基金协会、投资顾问协会、证券投资协会等。协会通过对会员资格的审查进行自律性管理，无论是从事共同基金业务的任何个人和机构，都需要获得某共同基金协会的会员资格，协会有权对违反规定的成员取消会员资格，使其不能再从事共同基金业务。各协会对共同基金的投资进行风险控制，切实保护投资者利益，自律性协会作用的发挥，有利于保持基金行业的长期稳定和规范。第二，以市场及投资者的需求为导向，为创新提供法律支持、完善市场监管促进市场的稳定发展。英国的经验表明，契约型基金的发展离不开外部力量的规范和监管，各项制度和法规都是保证基金良好、资本市场健康发展的前提。第三，鼓励、培育和监管独立理财顾问，推动了基金理财向个人投资者的普及。为确保 IFA 提供建议的客观和中立性，英国金融服务监管（Financial Service Authority，FSA）要求其监管下的投资咨询公司和独立理财顾问，都必须具备有效的内部投诉处理程序，通过对独立理财顾问实施分级的资质管理和保证金制度等措施，保证理财顾问向客户推荐产品时，充分了解其需求和投资境况，与其风险预期匹配，并提供书面报告。发达的独立理财顾问渠道是促使英国基金市场高度发达的原因之一。

第二节　我国资本市场功能目标

从资本市场发展的历史看，由于社会经济环境的发展，资本市场的功能也在发生变化。没有成熟的资本市场，就不会有成熟的现代社会经济，它们是相互联系、互为影响的。当前社会经济的特征是市场化、全球化、社会化。西方发达国家资本市场功能由单纯的筹资功能向风险定位、产权复合、优化资源配置等方面的功能组合转变。鉴于我国资本市场发展的现状，我国的资本市场应该具备一般市场经济条件下资本市场的五项基本功能，即资金转移、资金分割、风险管理、价格信号、激励机制；同时，作为转型期的中国资本市场，还应具备促进经济增长的功能和体制改革的功能。因此，我国的资本市场应具有以下七项最基本的功能。

一、资源优化配置

资本市场在不同的时间、地区和行业之间可以提供经济资源转移的途径。在空间上，资本市场对于在不同地点之间转移经济资源也扮演着重要的角色。通过发行公司股票，资本市场可以将资本资源从一个地方转移到另一个地方。在时间上，资本市场保证许多资金可以推迟使用时间，也可以提前使用。比如，通过债券、股票融资，并投资于生产设备，就是将资源从时间上的一点转移到另一点。资本市场有助于资源在时间点之间的这种转移。经济越复杂，资本市场为资源在时间和空间上的转移提供高效率的手段就越重要。总之，资本市场使得稀缺资源在时间和空间上，从收益较低的地方转向收益较高的地方，从而提高了效率。

二、资金分割

资本市场提供了有关机制，可以购买无法分割的大型企业，或者在不同的所有制之间分割一个大型企业的股份。在现代经济中，经营一家公司所需的最低投资，往往超过个人或者一个大家族的能力。资本市场提供了很多机制，如债券、股票市场，可以储备和聚集家庭的财富，形成大笔的资金用于办公司。也可以说，资本市场将一个个家庭的资金聚集起来并在投资中分割股份，为单个家庭提供了参与需要大量资金的投资机会。又如在共同基金中，投资者的钱被聚集在一起，他们用各自的账户表示在基金中所占的比例。共同基金经常公布股份的价格，允许客户在任何时候添加或取出任何数额的资金。

三、风险管理

在经济活动中，经济风险是不可避免的。当一个人不能决定将会发生什么时，就存在着不确定性。风险就是不确定性，它之所以重要，是因为关系到人们的福利。对于风险，人们可以确定通过减少风险的根本收益方案和决定采取行动计划，这个过程就是风险管理。风险管理包括了风险回避、风险转移、预防并控制损失、风险留存等多种方法。资本市场的一个最基本的功能，就是将部分或全部风险转移给他人。资本市场转移风险主要有两种方法：套期保值、保险和分散投资。当一种行为不仅降低了一个人面临的风险，同时也使他放弃了收益的可能性，那么这个人就在套期保值。而保险意味着支付额外的费用（保险费）以避免损失。通过购买保险，人们可以用一项确定的损失（为保险而支付的额外费用）替代了如果不保险而遭受更大损失的可能性。保险和套期保值有着本质的区别。在套期保值时，人们通过放弃潜在收益降低造成损失的风险。保险则是通过支付保险费，在保留潜在收益的情况下降低损失的风险。金融中的许多金融合约是转移风险，而不是转移资金的。对保险合约和担保是这样，对期货、互换和期权这样的衍生金融产品也是这样。分散投资意味着持有相同数量的多种风险资产，而不是将所有的投资集中于一项。分散投资降低了人们拥有任何单一资产所面临的风险。

四、价格信号

金融系统提供价格信息，帮助协调不同经济部门的决策。报纸、广播、电视每天都播发股票价格和利率。在收到这些报告的千百万人当中，只有很少一部分在买卖证券。然而许多不进行证券交易的人，也利用证券的价格信息制定其他决策。同时，对资产的市场价格的了解也有利于家庭作出决策。在企业经营选择投资项目和安排融资时，资产价格和利率将提供关键的信息。在金融市场上进行交易的企业经理，往往利用这些市场提供的信息做出决策。特别是在资本市场上，当一个新的金融产品诞生时，提取信息的新机会也随之而来。例如，1973 年开始在交易所交易的标准期权合约就大大增加了关于经济和金融变量波动性的信息。这种信息特别有利于制定风险管理决策。因此，价格信号功能是资本市场的一个最基本的功能。

五、激励机制

当交易中的一方拥有另一方没有的信息，或一方作为另一方代理人为其决策时，金融系统提供解决激励问题的方法。我们知道，金融市场和中介机构执行了各项职能，可以提高资源和风险配置的效率。但是，激励问题限制了它们执行那些职能的能力。因为合约的各方通常无法方便地监督和控制其他人，所以就出现了激励问题。激励问题有很多种形式，如道德风险、逆向选择和委托代理人问题。当关键性的任务由他人代办时，会产生一种激励问题。比如，公司的股东将公司的管理权交给了经理，投资于共同基金的投资者将选择证券组合的权利交给了基金公司经理。在这种情况下，承担一系列决策风险的个人和组织就放弃了决策权，或者将决策权转交给其他个人和组织。那些承担决策风险的人被称为委托人，那些行使决策权的人被称为代理人。委托—代理人问题，是指如果委托人知道代理人掌握的情况时，委托人做出的决策与代理人做出的决策不一致，代理人和委托人之间可能存在利益冲突。在极端的情况下，代理人可能损害委托人的利益，如股票经纪人在客户的账户上频繁买卖，这是为了获得手续费。

一个职能健全的金融系统有利于克服这些激励问题，即道德风险、逆向选择和委托—代理人造成的问题，以及进入系统的其他好处，如储备、风险分担和专业化可以实现。委托—代理人问题可以通过金融系统得到缓解。如果对管理者的补偿是基于企业股票的市场价格的变化，管理者和股东的利益就会变得更为一致。又如，管理者如果是由企业的股东选出的，这样，当股东和债主之间出现利益冲突时，管理者会以债主的利益为代价保护股东的利益，由此造成的道德风险问题会阻碍对双方有利的贷款协议的实现。通过在贷款协议中加入准权益条件，这一问题可以得到缓解甚至解决，对股东和放款者都有利。资本市场的外部融资，对企业产生外部约束，一个外部融资约束产生影响的标准是价值总量之间存在差额。

六、经济增长

资本市场募集大量的资金，有利于大量资本形成，根据经济增长理论，对处于发展阶段的我国国民经济的增长起到了一定的作用。数据显示，资本市场筹资规模总量在 GDP 中所占的比重，总体上呈现稳步上升的态势，这标志着国民经济增长对资本市场的依赖程度正在逐渐加大，资本市场在宏观经济体系中的地位和作用也越来越重要和突出。尤其当经济运行在经济周期萧条阶段或经济受到外部突发不利因素冲击的情况下，利用资本市场融资等功能可以有效熨平经济波动保持经济增长。

七、体制改革

资本市场在我国这样一个发展中的转型国家中，还有另外的不可忽视的功能。这就是证券市场作为改革的产物，它的建立和发展又反过来推动了各方面的改革。体制改革的功能主要表现在宏观和微观两个方面。在微观上表现在上市公司经营能力和经营机制上，在宏观上表现在对产业结构的调整等方面。例如，在企业制度的改革方面，证券市场在国有企业改革中的作用是人们都承认的，不说从证券市场融资对国有企业改革的作用，仅就国有经济在国民经济中的布局的战略性调整来说，如果没有证券市场，就不会有国有资产的股份化以及股份的证券化，而没有国有资产的股份化和股份的证券化，国有经济的“有进有退”的实施就很困难。如果没有证券市场，现代企业制度的建立就只能停留在口头上。证券市场的发展正在对我国金融制度的改革起着促进作用，目前有必要实行的金融业的分业经营正受到证券市场发展的冲击，今后在适当时候，积极稳妥地将现时的分业经营体制推向混业经营，以促进资本市场乃至经济的全面发展。

第三节　我国资本市场结构优化的目标及评价指标

一国资本市场结构的优化与否反映了其资本市场发展水平的高低。从理论上说，最优的资本市场结构应该是适应于经济资本发展阶段的最适资本市场结构，所谓最适资本市场结构，是指能够实现资本市场结构与经济结构的相互匹配，使资本资源配置到符合本国资源禀赋结构所决定的具有比较优势的产业中去，从而优化促进国民经济又好又快发展的资本市场结构。从这个意义上说，优化资本市场结构的目的在于最大限度地发挥资本市场的整体功能和提高资本市场的核心竞争力，不断提高资本市场的运行和交易效率。由此，我国资本市场结构优化评价指标体系具体可从资本市场结构优化的目标和具体评价指标这两个层次来设计。

一、我国资本市场结构优化的目标

鉴于我国资本市场发展现状，结合我国国情，参考美、英两国的资本市场结构，优化我国资本市场结构的总目标可以分解为三个子目标，即资本市场结构的合理化目标、高级化目标和梯度化目标。

（一）资本市场结构的合理化

所谓合理化就是资本市场中的各个子市场及其组成要素之间的相互适应、相互配合和相互协调。它具体表现为各子市场能够适应经济发展的需要、各个子市场之间均衡发展以及各子市场内部组成要素比例的合理搭配等。它反映了资本市场与国民经济发展之间的综合协调特征。具体来说，在三大证券规模结构比例上，截至2013年年底，我国股票总市值为3.82万亿美元，债券期末余额总量为4.78万亿美元，基金资产净值为0.48亿美元。三者总规模为9.08万亿美元，股票市场、债券市场与基金市场各自占三者总规模的比例是42%、53%、5%。同期美国国内公司股票总市值为24.02万亿美元，美国债券市场存量是39.91万亿美元，美国共同基金规模是15万亿美元，三大证券总量达到了78.93万亿美元。其中股票市场占三大证券规模的30%，债券市场占51%，基金占19%。本项目组认为中短期可将前述美国2013年的资本市场结构股票市场规模占比30%，债券市场规模占比51%，基金市场规模占比19%作为我国资本市场结构优化的借鉴目标。

（二）资本市场结构的高级化

高级化就是要达到资本市场结构层次由简单到复杂、由低级到高级、由封闭到开放的转换和提升。它具体表现为资本市场主体的日益成熟、资本工具的不断丰富、交易价格的逐步合理和交易组织方式的不断改进与创新等。主要表现为资本市场结构纵向层次的提升，它反映了资本市场在国民经济发展中的深度和广度特征。

（三）资本市场结构的梯度化

梯度化就是实现资本市场结构在规模、区域、层次、期限和交割时间上由小到大、由单一到多层、由垄断到竞争、由低到高、由发达地区到落后地区、由城市到农村、由境内到境外、由短期到长期、由现货交易到期货交易等渐次发展。它具体表现为资本市场结构的微观、中观和宏观等多个层次的合理安排与搭配。

总之，我国资本市场结构的合理化、高级化和梯度化三者之间是相互联系、相互作用、相互配合的关系，它们共同决定了资本市场结构的优化程度。因此，在优化资本市场结构的具体过程中，应把资本市场结构的合理化、高级化和梯度化三者统一起来，以资本市场结构的高级化促进资本市场结构的合理化，以资本市场结构的梯度化带动资本市场结构的高级化，以资本市场结构的高级化和梯度化保证资本市场结构的合理化。

二、我国资本市场结构优化的评价指标

资本市场结构是资本市场功能发挥的基础，结构是否科学合理关乎功能能否正常发挥。资本市场涉及社会经济各个领域和层面，其结构的优化是一个综合系统工程。为此，可从以下几个方面构建评价我国资本市场及其结构是否优化的指标体系。

（一）市场类型指标

根据资本市场交易的对象，资本市场是长期资金市场，其基本功能是媒介储蓄与投资、促进资本的集聚与形成，因而其发行市场中的筹资额是反映其规模大小的较好衡量指标，但考虑到发行市场与流通市场之间的关系，应将市场总值作为衡量资本市场规模的最佳指标。具体来说，反映各个子市场结构的指标主要包括：各子市场规模、交易总量、市场总值相对份额、交易主体结构、交易工具结构以及交易价格结构等。

（二）市场要素指标

从资本市场组成要素的角度看，这类指标主要包括以下几个方面：第一，主体结构。它具体反映资本市场参与主体的多元化程度与成熟程度及其对市场规范运行的影响程度，是资本市场发育程度和成熟性的标志。其分析指标可用市场参与主体的性质、种类、数量、比重等表示。第二，工具结构。它具体反映资本工具的种类、品种、数量及其相对比例关系，是市场深度和效率的标志。第三，价格结构。它具体反映资本工具的价格走势、收益率状况、风险程度及其相互之间的关系，是资本市场深度和市场效率与公平的标志。第四，交易组织方式结构。它具体反映资本市场交易中的交易所方式、柜台方式和中介方式的搭配状况，是资本市场交易组织程度的标志。第五，市场监管结构。它具体反映保证资本市场安全、稳定、高效运行的外部环境的好坏。

（三）功能指标

资本市场功能是指资本市场在国民经济发展过程中所具有的融通资金、配置资源、宏观调控、风险管理以及信息交流等方面的作用。资本市场功能是否完善以及能否充分发挥是判断资本市场结构合理与否的重要标准。衡量资本市场功能的指标主要有资本融通能力、资源配置能力、宏观调控能力、风险分散能力以及信息交流能力等。

（四）效率指标

资本市场效率是指资本市场运行和交易的效率。资本市场运行效率是指资本市场配置资源的效率，即市场价格对有关信息的反应能力；资本市场的交易效率是指资本市场能否在最短的时间和以最低的交易费用完成交易的能力。资本市场效率的高低直接反映了资本市场结构优化的程度。

（五）可持续发展指标

资本市场可持续发展力是指资本市场可持续发展的能力。发展资本市场应该充分利用市场机制，合理有效开发利用资本资源，实现资本市场之间的良性竞争，从而达到资本资源供需平衡和良性循环。因此，反映资本市场可持续发展的指标主要包括核心竞争力、创新力以及诚信力等。

（六）资本技术指标

资本技术也是一种生产力，现代科学技术手段在资本市场中的广泛应用，导致资本市场结构的深刻变化，特别是在推进资本市场结构的高级化和梯度化方面尤为突出。先进资本技术的采用不仅有助于提高资本市场的运行和交易效率，而且有利于促进资本工具结构的高级化、提升资本机构的层次和引起资本监管方式的变革。因此，评价资本技术的指标应包括各类资本技术、资本技术的开发情况以及资本技术的应用效果等。

（七）资本生态指标

生态健康的资本市场，不仅要求其参与主体具有理性的投资行为和竞争行为，而且要求其具有严格的准入与退出机制，要求市场定价机制是高效的、市场制度是健全的、监管体系是完善的等。良好的资本生态，对于推动资本市场充分发挥资源配置功能、降低资本交易成本、增强核心竞争力以及提高资本市场效率等具有十分重要的作用。明晰的资本产权制度、灵敏的信息反应机制、合理的定价机制、健全的法规制度框架、高效的交易结算系统、完善的信用服务体系、良好的风险意识和文化传统习惯等既是资本生态健康形成的基本条件，也是评价资本生态结构优劣的主要指标。

第四节 我国资本市场结构的优化对策

在建成完善的社会主义市场经济体制过程中，资本市场归根结底是为经济发展服务的。我国经济已经到了必须在发展中调整结构、在结构调整中保持快速发展的阶段，必须努力学习发达国家资本市场发展的路径和经验，促进资本市场结构的优化。所谓资本市场结构的优化设计，就是指资本市场中的各个子市场及其组成要素之间的相互适应、相互配合和相互协调的过程。它具体表现为各子市场能够适应经济发展的需要、各个子市场之间均衡发展以及各子市场内部组成要素比例的合理搭配等。它反映了资本市场与国民经济发展之间的综合协调特征。我国资本市场进入新的发展时期，资本市场发展新时期的特征是：大力发展资本市场，既要在总量规模上把资本市场推上一个更高的水平，更要使资本市场形成合理的结构和多层次的体系，以便全方位服务于国民经济又好又快发展。

一、我国资本市场结构的国际比较

从总体规模来看，我国资本市场各个子市场的规模比例失调，股票市场规模、债券市场规模与证券投资基金市场规模结构不合理。2001 年，我国企业债券市场发展缓慢，从一级市场看，国债比重过大（占 60%），股票比重过小（占 25%），企业债券和基金比重太小（占 5%）（赵振全、蒋瑛琨等，2001）。经过十多年的发展，我国资本市场规模不断扩大，各个子市场结构虽然发生了显著变化，但是与其功能绩效及美国等发达资本市场结构相比，依然存在着较为严重的不合理。

（一）股票市场

从国际经验看，截至 2013 年年底，美国股市国内公司股票市值为 24.02 万亿美元，美国证券化率（股市总市值/GDP）为 143.07%，而我国股票总市值为 3.82 万亿美元，证券化率仅为 42.07%。美国股票市值是我国股票总市值的 6.288 倍，美国证券化率是我国的 3 倍多。这主要在于两国金融体系结构不同，美国是证券市场主导型的金融体系，而我国则是银行主导型的金融体系，我国企业融资主要依赖银行信贷。过高的货币性融资使得风险高度集中于银行业，使银行资产无法多样化，难以规避市场风险，且增加了整个金融系统的脆弱性。所以，我国必须加大直接融资的比例，不断调整和完善上市公司结构，放宽企业上市的政策限制和条件，加大民营和三资企业在上市公司中所占的比重，让更多经济支柱行业的公司、更多具有良好业绩回报的企业进入股票市场，优化资本市场结构。

（二）债券市场

2013 年年底，美国债券市场存量达到 39.91 万亿美元，是美国 2013 年 GDP 的 2.38 倍，2013 年美国债券市场发行总量是 6.46 万亿美元，占美国 GDP 总量的 38%。2013 年年底，我国债券期末余额总量是 4.79 万亿美元，占我国 GDP 总量的 52%。美国债券市场规模巨大，是我国债券市场规模的 8.3 倍。2013 年，我国债券发行总量为 8.92 万亿美元。从中美债券市场比较可知：我国债券市场近两年有非常快的发展，占我国 GDP 的比重竟然超过了美国，但是，我国债券市场结构失调，发展不平衡。债券市场已成为我国金融体系不可或缺而且日益重要的组成部分，而相对于我国经济发展和金融体制改革深化的需要，我国债券市场的发展还是相对落后的，还不能满足广大企业筹集资金和完善资本结构的需要，不能满足广大投资者投资品种多样化的需要。发展我国债券市场，就要进一步扩大债券发行规模并拓广债券发行主体，努力使各类合格企业平等地获得发债机会；增加债券品种，鼓励债券创新，满足不同类型投资需求。我国债券市场的滞后，既有发行与审核制度方面的制约，也有债券品种方面的认识缺陷。因此，我国应该充分发挥市场机制作用，完善债券信用评级制度，规范信用评级机构，加强对发债公司的管理，积极合理地发展我国的债券市场。

（三）基金市场

我国基金市场规模太小，资本市场投资者结构严重不合理，必须大力发展机构投资者。我国的股票市场投资者有两大类，一是个人，即社会公众；二是机构投资者。股票市场大部分的投资者是社会公众，机构投资者所占比例不高。2013 年年底，我国股票有效账户 13247.15 万户，其中，个人股票有效账户 13203.84 万户，机构股票有效账户 43.31 万户。机构投资者占总投资者的 0.33%，个人投资者占比达到 99.67%。我国股票市场是一个散户投资者占绝对数量的市场。但是综观其他成熟的股票市场，美国的机构投资者占比 66%，个人投资者只占 34%。综上所述，都是因为我国证券投资基金规模太小，造成机构投资者不足。综观美国基金市场，美国基金市场在全球独树一帜，2013 年年底，美国共同基金规模达到了 15 万亿美元，占到美国 2013 年 GDP 的 89%。我国基金市场与美国基金市场差距很大，2013 年年底，我国基金资产净值为 0.48 万亿美元，美国基金规模是我国基金市场规模的 31.25 倍，我国基金资产净值仅占

GDP 的 5.28%。共同基金是美国市场上主要的金融投资工具、最大的机构投资者，美国近半数的家庭投资共同基金。美国共同基金规模在全球绝对领先，在全球基金业的占比达到了 48.87%。相比之下，我国基金仅占全球约 1.43% 的份额，在全球仅仅属于第三梯队，与我国经济规模不相称，但是也表明未来发展潜力巨大。

基金市场规模小，资本市场投资者结构严重不合理，大力发展机构投资者。发展机构投资者，不断完善投资主体结构。机构投资者与个人投资者相比具有专家理财、可以把大量闲散的资金聚集到投资活动中去、市场影响力较大、行为比较规范和注重诚信等特点。大力发展投资基金，增加机构投资者，是改善投资结构，提高市场活动水平，使资本市场逐步走向规范化的重要措施。同时，改善资本市场投资环境，解决社保基金、企业年金、补充养老基金等其他投资机构入市的障碍，拓宽合规资金入市渠道，规范发展 QFII 等境外机构投资力量，使机构投资者逐步成为我国资本市场的主导力量。

二、优化我国资本市场结构的对策

（一）从资本总体市场内部结构来看，我国资本市场结构存在一定的问题

第一，我国证券品种结构比例不合理；第二，资本市场投资主体的结构不合理，个人投资者是我国资本市场的投资主体，但是资本市场中保护中小投资者利益的机制还没有形成，并且个人投资者也没有成为市场的主导力量；第三，市场组织结构不合理，有形市场单一发展。所以一方面，我国应该完善相关法律法规，保护资本市场中中小投资者的利益，使之成为资本市场的主导力量；另一方面，我国也应该大力发展无形市场以及场外市场，它们都应成为资本市场的主体，都应该成为促进国民经济发展的重要力量。

（二）从各个市场的内部结构来看，我国资本市场的各个子市场的内部结构尚不合理

为完善我国资本市场结构，充分发挥其功能，保障我国经济持续、快速、健康发展，下面从股票市场、债券市场、基金市场分别进行结构完善性探讨，以期实现我国资本市场整体结构的优化。

1. 股票市场

2004 年中小板市场的推出，2006 年股权分置改革的实施，2009 年创业板市场的创立，标志着我国股票市场的深度改革和多层次资本市场模式的建立。2012 年，《金融业发展和改革“十二五”规划》明确提出完善不同层次市场间的转板机制和市场退出机制，逐步建立各层次资本市场间的有机联系。党的十八届三中全会在金融改革方面又进一步提出了健全多层次资本市场体系，多渠道推动股权融资和提高直接融资比重等改革措施。由这一系列改革可以得出多层次资本市场的构建是我国资本市场改革的目标之一。

一方面，我国股票市场结构不合理。虽然我国已经初步形成多层次的资本市场，但是本质上仍是主板市场一家独大的局面，中小板市场发展不足，我国中小企业融资困难，很多优质的企业无法在主板市场上市，而那些劣质的主板市场企业很难退出市场。另一方面，我国上市公司的股权结构不合理：第一，2006 年股权分置改革以后，我国股票市场上国家股、法人股等流通、非流通股仍过于集中，“一股独大”局面依然存在。第二，公众非流通股的比重低，绝大部分股份不能上市流通。第三，流通股过于分散，机构投资者比重小。第四，我国股票市场中虽已建立了以主板市场、中小板市场、创业板市场和三板市场为主的多层次市场体系，它们在股本要求、参与主体、股东人数、经营年限、信息披露要求以及盈利等方面都有不尽相同的要求。这些多层次资本市场之间在投融资结构上本应有显著差异，运行轨迹也应相对独立。而目前我国现有的多层次股票市场由于投资者的不成熟、非理性，投机性和多层次市场定位不清晰等原因，导致市场之间的相互竞争和不良影响。主要表现为现有市场对新推出市场的“挤压”效应及新推出市场对现有市场的“冲击”效应。

因此，首先，应该优化我国股票市场结构。建立健全各项制度，完善我国多层次的资本市场结构，一方面，建立强制退出市场机制，使劣质企业尽早退出主板市场；另一方面，为优质企业进入主板市场创造捷径。这样才能刺激我国股票市场的活力，优化我国股票市场结构，进而优化我国资本市场结构。

其次，应该优化我国上市公司股权结构，完善公司治理机制。虽经过 2006 年股权分置改革，但我国股票市场的主板市场中的上市公司股权结构依然存在诸多不合理现象。第一，通过国有股配售及国有股回购逐步减持国有股，降低国有股的比重，提高社会法人股东和社会公众股东的持股比例，优化上市公司的股权结构，建立科学的公司治理机制，以有效的股权结构制衡和完善公司治理机制。第二，机构投资者与分散的小股东相比，在优化上市公司股权结构与完善公司治理机制方面有着明显的优势，应该大力培育机构投资者，形成多元化的股权结构。第三，推进股权分置改革，优化股权结构，改变我国上市公司股权结构的现状，改善上市公司的治理机制，促进各股东共同利益基础的形成，提高上市公司的绩效，实现股东利益最大化和公司利润的最大化，最终促进资本市场长期、健康、稳定地发展。

最后，鉴于市场间的“挤压”效应成因是投资者的“投资惯性”、融资者的“融资惯性”及现有市场的“先发优势”；“冲击”效应的成因是新推市场与现有市场的相似性、现有市场自身不足或者新推市场制度优越于现有市场等。因此，为了减少乃至消除“挤压”效应和“冲击”效应，应采取以下措施：①通过大力发展机构投资者来提高投资者的理性投资理念；加强新市场中上市企业的信息披露措施，提高投资者保护力度。②给予新推市场中上市融资企业更多的政策优惠，在降低进入门槛的同时加强上市之后的运行监管，以便减弱融资者的“融资惯性”。③给予新推市场较长的发展时间以削减现有市场的“先发优势”。④做好多层次资本市场的总体设计，在融资对象、融资模式、进入门槛、投资者对象等方面要做好定位。完善现有市场，提高现有市场的生命力。创建和完善多层次市场间的升（降）级转板制度，以便市场参与者有正确可行的未来运行规划。

2. 债券市场

债券市场对于构建我国多层次资本市场体系是必不可少的。我国债券市场经过多年的不断发展，债券规模不断扩大，不同债券品种结构不断优化。但是相对于美国债券市场如此发达的市场来说，我国债券市场存在一定的不足。第一，在债券融资方面，相比于国家债券，我国企业债券以及公司债券的发展相对滞后。企业债券一直以来都是我国金融市场的“短腿项目”，但是，在完善我国资本市场结构、优化上市公司资本结构等方面，公司债券的地位是很重要的。所以我们应该大力发展企业债，首先应该理顺发行机制，根据市场化的要求制定发行条件。其次要完善信用评级体系，为债券市场的发展构建良好的环境基础。目前，我国缺乏权威的信用评级机构，不能客观、实时地根据发债企业的真实财务状况评定发债主体的信用，这严重阻碍了企业债券市场的发展。再次要加快企业债券的品种创新，如发行信用债券、抵押债券和浮动利率债券，逐步扩大企业债券品种和市场规模。最后完善债权人信托制度，为保护债权人合法权利奠定法律基础。只要能在监管体制、便利流通、信息披露、投资主体等方面继续进行较大改革，从供给与需求两方面疏通市场，企业债券是应当大有所为的。第二，我国债券品种发展不平衡，债券产品结构不够完善，应该大力发展资产证券化债券。资产证券化债券在我国的发展几乎还是一片空白，它是一个非常有前景的债券品种。无论是以企业资产还是银行资产为底层资产的资产证券化债券都有资产信用等级稳定、违约风险小的优势，深受投资者青睐。另外，信贷资产证券化与我国当前银行改革目标一致，可以减少银行信贷占用，增加资本充足率。第三，我国债券投资主体结构单一。机构投资者的数量已经成为衡量一国债券市场是否成熟的标志，但是目前我国的债券投资主要依靠商业银行来进行，这表明债券市场不够成熟。因此应该促进我国投资主体的机构化，这也有利于提升债券市场的流动性。

3. 基金市场

中国基金业发展十几年来过度依赖股市和偏股基金的发展，在其他发展领域的短板效应十分明显。中国应多元化发展，补齐发展短板，加强债券、货币和其他类型基金的发展。产业投资基金对于支持基础产业和支柱产业的发展，促进投资体制的改革和资本市场的发育，加快现代企业制度建立的步伐，改善投资环境都具有很重要的作用。我们应该大力发展产业投资基金，把资金直接投向特定产业的未上市企业，通过资本经营和提供增值服务对受资企业加以培育和辅导，使之相对成熟和强壮，以实现资产保值、增值，投资收益按投资者的出资比例共享，投资风险由投资者共担。

首先，政府应贯彻产业政策，注重投资项目的选择，切实把好产业投资基金审批关。如前所述，产业投资基金可以发挥作用的范围很广，凡是符合产业结构调整趋势并且有较好回报的产业，都可以运用产业投资基金这种新型金融工具进行运作。产业投资基金作为一种商业性投融资主体，其市场化运作原则与发挥产业投资基金的政府主导作用并不矛盾，因此，政府不宜干预基金的运作。但是，由于产业投资基金主要是对实业项目作长期投资，投资项目的选择便成为基金运作是否成功的关键。为了切实落实产业结构调整，也为了保障投资者的利益，政府主管部门在审批或参与审批产业投资基金的过程中必须根据产业结构调整的基本要求，通过基金设立审批和基金的基本投资限制来发挥必要的导向作用。

其次，对产业投资基金的发展予以适当的税收倾斜政策。投资者投资于基金，最终能否取得令人满意的回报，除了基金本身的成功运作外，在很大程度上要受政府相关的税收政策制约。产业投资基金在中国是新生事物，理应得到税收政策的适当倾斜。第一，建议对持有基金份额达到一定期限以上的投资者免征所得税和交易税，从而降低基金投资者的有关成本费用，提高投资基金的效益。第二，应解决好产业投资基金运作中的重复征税问题。如果对基金管理公司和投资者分别征收收益所得税，且在税率上没有任何减免，必然会形成重复征税，这将会给投资者带来较大的额外负担，对于本来就承担着一定风险的投资者来说是不公平的。因此，应在所得税中引入避免对股利双重征税的机制。

最后，为产业投资基金提供有效的退出机制。产业投资基金最终是要通过投资变现来获得资本获利的，一旦投资的企业成功或成熟，投资者就必须及时把它转让，从中退出。有效的退出机制是产业投资基金健康发展的关键，是产业投资体系的核心。常用的退出渠道主要有企业购并、股权回购、股票上市等形式，而目前资本市场发育还很不成熟，直接上市受上市发行额度、发行条件的严格限制，买壳上市或借壳上市又受到投资银行的种种约束，创业板市场和场外交易市场还不是非常成熟和完善，产业投资基金的退出渠道十分狭窄。因此，要加紧完善资本市场，积极创造条件，建立畅通的资产变现通道。

第五节　我国资本市场的监管

一、完善资本市场法律法规

完善的法规体系是资本市场监管机制市场化的基础。中国资本市场监管制度供给不足主要在于法制建设相对滞后，虽然近些年来我国资本市场的法规建设明显加快，并取得了显著成绩，但还是远远跟不上资本市场的

发展步伐。加快资本市场法规、制度建设已迫在眉睫。资本市场监管机制市场化要求监管制度的持续创新和完善，应抓紧研究制定配套法规，特别是已颁布法律的相应实施细则，完善市场监管制度尤其是信息披露制度。并根据加入 WTO 后中国资本市场国际化的需要相应完善资本市场的法律和规则。

目前，我国资本市场监管法律体系可分为三个层次：一是全国人大通过的法律，如《中国人民银行法》、《商业银行法》、《证券法》、《公司法》等；二是国务院颁布的有关行政法规，如《外资金融机构管理条例》、《外汇管理条例》等；三是财政部、中国人民银行、证监会、保监会等制定的具体的管理办法和规定，如《金融保险企业财务制度》、《贷款通则》、《商业银行授权信暂行管理办法》、《证券投资基金管理暂行办法》等。尽管我国资本市场监管法规体系的框架已初步建立，但整个法规体系还很不完善，不能满足资本市场发展和国际化的需要。尽管有关的《银行法》、《公司法》和《证券法》已经颁布实施，但规范资本市场运作的一些基础性法律仍然是缺位的，如《证券交易法》、《信托法》等。

完善资本市场监管的法律应着力于以下几个方面：一是规范资本市场的基础性法律没有到位的，应抓紧制定、尽快出台。二是在资本市场建设中要做到科学规划、系统配套。各项法规之间要统一、衔接，不能互相抵触，过去颁布的一些行政性规定和地方性法规，与新颁布法律不一致的，要尽快修改，新颁布的法律要与已颁布的法律如《公司法》、《证券法》相互配套，完善相关法律的实施细则，使其具有可操作性。三是根据 WTO 的有关协议，完善现有的法律法则，逐步与国际惯例和国际规则接轨。四是已制定的法律要严格执法，做到有法必依、执法必严、违法必究。要加强法治监管力度，一旦发现违法、违规行为和活动，必须要严肃处理，监管部门更要带头执法，对那些置国家法律于不顾，从事严重违法活动，甚至是执法犯法者，应给予严厉打击，绝不姑息。尽快实现我国证券市场的法制化和规范化。

资本市场价格对信息的反映程度是资本市场效率的重要标志，信息披露制度是资本市场效率的制度基础，完善有效的资本市场信息披露制度可以在一定程度上避免信息欺诈和内幕交易行为，保证资本市场效率。因此，信息披露制度是资本市场监管的核心。它贯穿在证券的发行、上市和交易的全过程。我国资本市场信息披露制度也是作为资本市场监管制度建设的重点，受到监管部门的高度重视，1993 年 4 月 22 日国务院颁布《股票发行与交易管理暂行条例》、证监会于 1993 年 6 月 3 日颁布了《公开发行股票公司信息披露的内容与格式准则》、1993 年 6 月 12 日发布了《公开发行股票公司信息披露实施细则（试行)》。此后，证监会又陆续发布了第一号《招股说明书的内容与格式（试行)》、第二号《年度报告的内容与格式（试行)》、第二号《中期报告的内容与格式（试行)》、第四号《配股说明书的内容与格式（试行)》、第五号《公司股份变动报告的内容与格式（试行)》、第六号《法律意见书和法律工作报告的内容与格式（试行)》等一系列法规文件，初步构建了信息披露的制度体系框架。但信息披露制度仍有不完善之处，例如，法规之间仍有不协调，法规在明确性和可操作性上也存在一定缺陷，尤其是信息披露主体法律意识淡薄，监管机构执法不严的情况普遍存在，以至于经常出现违反规定，不能做到信息披露的及时性、有效性和全面性，甚至有掩盖实情、弄虚作假、虚报瞒报等。全力营造公开、公平、公正的市场环境，必须建立并严格执行强制性的信息披露制度。

信息披露制度建设一方面是要完善法规，堵塞漏洞，加强其明确性和可操作性，只有这样才能使信息披露当事人有据可依，并强化对其行为的约束；另一方面要加强对上市公司信息披露的监管，做到有法必依，执法必严。1997 年 3 月 14 日，全国八届人大五次会议修订的《刑法》规定，证券内幕交易、操作市场、编造和传播虚假信息，向外输送和私自转移资金，运用关联交易损害中小股东的利益，以及从事内幕交易、操纵市场、造市做市等违法违规活动的责任人，必须依法惩处。只有严格执行，才能提高上市公司信息披露的法律意识，保证信息披露制度的强制贯彻执行，并有效避免虚假信息的披露。

二、加强行业的自律管理

无论是成熟市场还是新兴市场，资本市场中的政府监管都是重要的。但是，行业自律是对资本市场进行管理的第一步。即使是集中型管理体制或者自律型管理体制，行业自律和政府监管也都同时存在。行业自律与政府监管的相互协调与配合是完善证券监管的内在要求。一方面，政府监管较强的国家逐步引入了自律监管的机制，单纯地依赖政府监管已不能最大限度地提高证券市场的运行效率。从政府监管的角度看，监管行动必须付出一定的成本，政府监管的范围可能不会面面俱到。此外，监管者对市场的了解可能不及市场的直接参与者，因而往往无法在事前对可能的危机进行必要的处理而只是进行事后的处罚。另一方面，自律监管占主导地位的国家也正在加强政府监管。从自律的角度看，对追求自身利益最大化的自律者而言，如果没有政府监管以及相应的法律制裁的存在，市场无法保证自律者不出现逆向选择和道德风险。因此，面对变幻莫测的资本市场，以法律为基础的政府监管与以自律为基础的行业管理的相互补充与办调，必然成为未来监管模式的主流。

目前，我国资本市场尚处于新兴市场阶段。在过去的监管历程中，过分强调了政府监管的作用，而对行业协会的自律管理重视不够。有人认为，由于新兴的证券市场的问题较多而应该偏重于政府监管。实际上，如果对新兴市场出现的问题加以分析，不难发现这些问题大多恰恰是由于自律不够而造成的。从政府监管的角度看，作为一种强制性的行为，必须有一定的法律法规作为监管的依据，但新兴的资本市场发展速度很快，法律法规的制定往往跟不上市场的步伐，从而导致监管体系不可避免地出现漏洞。另外，新兴市场的主要特征是金融工具和金融制度的创新速度较快，这就使以法律为主导的监管体制不能满足各种创新的要求，从而制约了新兴市场的快速发展。由于行业内会员一直处于市场发展的前沿，最熟悉市场发展的趋势，最了解行业发展的动态，行业的自律性管理在一定程度上就可以避免这些问题的发生。随着新的发展阶段的来临，适当放松政府的监管，切实加强自律组织在监管中的作用，两者相互协调与配合，共同促进资本市场稳定有序地发展。这既是新时期资本市场发展的内在要求，也是我国市场监管与国际接轨的必由之路。首先，强化资本市场从业人员自律。资本市场从业人员必须要讲职业道德，能够自我约束，自觉遵守有关法律法规。其次，强化证券经营机构自律。证券经营机构应通过健全内部管理制度和监督机制，防止本机构的职员或公司本身出现违法行为。最后，强化证券业协会自律。证券业协会应制定自律规则或自律公约来约束和监督会员的行为，防范或惩罚会员的违规行为。一旦资本市场机构自律失效，行业协会能够预先防范或及时制止机构违规，从而弥补机构自律的失效。

三、强化市场参与主体的内部监督

首先，完善中介机构的内部控制制度。在每一个资本市场，中介机构都起着中心的作用，交易通过中介机构完成，资本通过中介机构筹集，因此中介机构成为资本市场的守门员。每一个市场都把确保市场合法守规的责任赋予中介机构。监管思路应从事后处理为主向事前防范为主转变，而要处理好前端的预防工作，还需要发展中介机构来做市场的第一看门人。没有好的中介机构，就没有好的监管者。目前中介机构的规范任务很重，如频频发生证券公司因挪用客户保证金、违法违规经营而导致破产清算的现象。这一方面说明对于中介机构的监管力度加大，但也暴露出中介机构自身内抓不严的制度弊病。在治理整顿中介机构的同时，要大力支持中介机构的发展，由具有良好的职业操守和业务规范的中介机构来引导投资者和公司合法地参与市场活动。

其次，要规范公司治理结构。保证好公司进入市场只是一个开端，公司进入市场后，必须以所有者即股东的利益为中心对市场负责。因此，规范公司治理结构对资本市场的发展非常重要。规范的公司治理意味着公司所有者即股东可以随时动用有效的手段要求他们所投资的公司提供合理的投资回报。这就要求管理层和董事会在制定任何经营决策时，都必须在平衡风险和回报的条件下从公司的最大利益出发；要求董事和管理人员必须将公司利益置于他们个人利益之上。为保证股东监察自己的投资，必须定期向其提供关于公司现状和未来的完整公正的信息。目前，一些上市公司的董事长权力过大，公司的董事会常常有“一言堂”的出现。这一方面说明公司治理结构的完善仅仅从形式上是难以改变国有企业长期形成的疾病，还需要从文化建设方面使投资者真正行使自己的权利。针对目前公司治理的现状，仍需要在外部董事作用发挥、监事会作用的强化和规范“二会”运作等方面做大量的工作。随着非公开发行公司逐渐纳入监管体系，非上市公司的治理准则的制定是一个必须做而且将要做的制度设计。

四、发挥外部监督机制的作用

一个有效的监管体系，还需要外部监督机制发挥作用。首先，加强对投资者的教育。资本市场是风险和收益并存的市场。后股权分置时代，从多渠道、多方位、多层次对投资者进行教育，树立科学投资理念，提高认

识水平，形成真正成熟的投资者队伍。其次，加强新闻舆论的监督，通过新闻媒体让社会公众了解、参与和积极支持对资本市场的外部监管。我国资本市场建立时间较短，过去对投资者教育重视不够，导致我国投资者不成熟。这一方面体现在投机心理强，另一方面体现在对资本市场相关的法律法规不熟悉，从而维护自身权利意识不强，不利于发挥全社会的舆论监督作用。再次，可以考虑由监管部门向人大、政协、民主党派等职能部门和社会各界聘请资本市场监察员，加强社会各界对资本市场的监督资本市场的有效监管。最后，加强会计师事务所、律师事务所、资产评估机构、信用评级机构等社会中介机构对资本市场的监督，促进资本市场规范运作，强化其责任与约束。

应在统一监管理念和架构下，根据未来各层次资本市场的不同特点，逐渐建成一个职责分工明确、运作相对独立、反应及时有力、协调配合顺畅的市场监管体系。这个监管体系是包括政府部门监管、行业组织自律、市场参与主体内部监督和外部监督约束的多层次监管体系。这样，从制度上保证资本市场的高效运作和稳定发展，对于资本市场乃至国民经济发展都至关重要。

参考文献

[1] Fama. Efficient Capital Markets: A Review of Theory and Empirical Work [J]. Journal of Finance, 1970, 25 (2): 283 -417.

[2] Goldsmith R. Financial Structure and Development [M]. Yale University Press, 1969.

[3] Taylor. Modeling Financial Time Series [M]. New York: John Wiley and Sons, 1986.

[4] Booth L., Aivazian, V., Demirguc - Kunt, A., and Maksimovic, V. Capital Structures in Developing Countries [J]. Journal of Finance, 2001, 56 (1): 87 -130.

[5] Keister L. A. Capital Structure in Transition: The Transformation of Financial Strategies in China's Emergng Economy [J]. Organization Science, 2004, 15 (2): 145 -158.

[6] Eldomiaty T. I. Determinants of Corporate Capital Structure: Evidence From an Emerging Economy [J]. International Journal of Commerce & Management, 2007, 17 (1/2): 25 -43.

[7] Mckinon R. Money and Capital in Economic Development [M]. Brooking Institution, 1973.

[8] Bruno Biasis, Richard Green. The Microstructure of the Bond Market in the 20th Century [M]. Working Paper, 2005.

[9] Shaw, Edward. Financial Deepening in Economic Development [M]. New York: Oxford University Press, 1973.

[10] Levine, Ross and Sara Zervos. Stock Market Development and Long - Run Growth [J]. The World Bank Economic Review, 1996, 10 (2).

[11] Grinblat Mark, Sheridan Titman. Portfolio Performance Evaluation: Old Issues and New Insights [J]. Reviews of Financial Studies, 1989, a (2).

[12] Carhart M. Persistence in Mutual Fund Performance [J]. Journal of Finance, 1997, 52 (1) .

[13] Shamshad Akhtar. Demutualization of Stock Exchanges: Problems, Solutions and Case Studies [J]. Asian Development Bank, P. O. Box 789, 0980 Manila, Philippines, 2002.

[14] Ayadi M. A., Kryzanowski L. Portfolio Performance Measurement Using APM – free Kernel Models [J]. Journal of Banking and Finance, 2005, 29 (3).

[15] Chen J., et al. Does Fund Size Erode Mutual Fund Performance? The Role of Liquidity and Organization [J]. American Economics Review, 2004, 94 (5).

[16] James. C., Karceski J. Investor Monitoring and Differences in Mutual Fund Performance [J]. Journal of Banking &Finance, 2006, 30 (10).

[17] Davis J. L. Mutual Fund Performance and Management Style [J]. Financial Analysis Journal, 2001, 57.

[18] Farnsworth H et al. Performance Evaluation with Stochastic Discount Factors [J]. Journal of Business, 2002, 75.

[19] Ferson W, Schadt R. Measuring Fund Strategy and Performance in Changing Economic Conditions [J]. Journal of Finance, 1996, 51.

[20] Joao C. R., Maria C. C. Timing and Selectivity in Portuguese Mutual Fund Performance? [J]. Research in International Business and Finance, 2005, 15.

[21] Jobson J. D., Korkie B. M. Performance Hypothesis Testing with the Sharpe and Treynor Measures [J]. Journal of Finance, 1981, 36.

[22] Larry J. P., Karen L. M. Timing and Selectivity of Mutual Fund Managers: An Empirical Test of the Behavioral Decision – making Theory [J]. Journal of Empirical Finance, 2006, 3.

[23] Wermers R. Performance Evaluation with Portfolio Holdings Information [M]. The North American Journal of Economics and Finance, 2006.

[24] Zhao X. J., Shi M., Wang S. Y. Date Envelopment Analysis Approach to Evaluate Chinese Mutual Funds Performance [J]. Financial Systems Engineering, 2006, 7.

[25] Smith D. E. Mutual Fund Performance Persistency: A Study Using Both Open and Closed - end Funds [M]. Nova Southeastern University, 2001.

[26] King, Levine. Financial Intermediation and Economic Development in Capital Market and Financial Intermediation [M]. Cambridge University Press, 1992.

[27] [美] 道格拉斯·诺斯. 制度、制度变迁与经济绩效 [M]. 上海：上海三联书店，1994.

[28] 查尔斯·亚当斯. 国际资本市场发展、前景和主要政策问题 [M]. 北京：中国金融出版社，1999.

[29] 曹凤岐. 中国资本市场发展战略 [M]. 北京：北京大学出版社，2003.

[30] 张志文. 金融发展与经济增长关系的国际经验研究 [M]. 北京：中国金融出版社，2008.

[31] 徐洪才. 中国多层次资本市场体系与监管研究 [M]. 北京：经济管理出版社，2009.

[32] 陈元等. 我国资本市场发展研究 [M]. 北京：研究出版社，2008.

[33] 徐静. 中国金融结构变迁的动态性研究 [M]. 北京：中国金融出版社，2010.

[34] 银国宏. 中国资本市场与产业绩效关系研究 [M]. 北京：经济管理出版社，2005.

[35] 刘华. 公债的经济效应研究 [M]. 北京：中国社会科学出版社，2004.

[36] 周泉恭. 投资基金组织治理研究 [M]. 北京：中国金融出版社，2008.

[37] 王宏伟. 资本效率与经济增长 [M]. 北京：经济科学出版社，2004.

[38] 李学峰. 资本市场有效需求与经济增长 [M]. 北京：人民出版社，2005.

［39］卢俊．资本结构理论研究译文集［M］．上海：上海三联书店，上海人民出版社，2003.

［40］王新宇．金融市场风险的测度方法与实证研究［M］．北京：经济管理出版社，2008.

［41］卢建新．内部资本市场配置效率研究［M］．北京：北京大学出版社，2008.

［42］黄泰岩，杨万东．国外经济热点前沿［M］．北京：经济科学出版社，2006.

［43］邵燕．虚拟经济与中国资本市场的发展［M］．北京：中国市场出版社，2006.

［44］范德胜．经济转轨时期的中国金融发展和经济增长［M］．北京：中国金融出版社，2006.

［45］曾康霖，黄平．中东欧转轨经济国家股票市场制度研究［M］．北京：中国金融出版社，2006.

［46］孔淑红．中国资本市场效率与监管研究［M］．北京：清华大学出版社，2006.

［47］杨飞虎．证券投资基金业绩评价研究［M］．北京：中国财政经济出版社，2008.

［48］邵国华．金融系统协调论［M］．北京：中国财政经济出版社，2007.

［49］范学俊．金融发展与经济增长［M］．上海：上海世纪出版集团，2008.

［50］赵秀娟，汪寿阳．中国证券投资基金评价研究［M］．北京：科学出版社，2007.

［51］曹红辉．中国资本市场效率研究［M］．北京：经济科学出版社，2002.

［52］韩志国．中国资本市场的制度缺陷［M］．北京：经济科学出版社，2001.

［53］邵国华．我国资本市场研究［M］．北京：经济管理版社，2011.

［54］中国证券监督管理委员会．中国资本市场发展报告［M］．北京：中国金融出版社，2008.

[55] 高坚．中国债券资本市场［M］．北京：经济科学出版社，2009.

[56] 曹海珍．中国债券市场发展的理论与实践［M］．北京：中国金融出版社，2006.

[57] 丁宏术．中国证券市场功能、主体行为与制度研究［M］．北京：经济科学出版社，2008.

[58] 赵振全，蒋瑛琨等．我国证券市场结构分析及优化［J］．数量经济技术经济研究，2001（6）.

[59] 王国刚．建立和完善多层次资本市场体系［J］．经济理论与经济管理，2004（3）.

[60] 刘鸿儒．积极构建多层次资本市场体系［N］．证券时报，2003-10-13.

[61] 何德旭．论中国资本市场的结构优化方向［J］．金融与经济，1999（7）.

[62] 刘超．我国证券投资基金的宏观管理［J］．经济社会体制比较，2010（5）.

[63] 张红伟．羊群行为，股价波动与投资收益——基于中国证券投资基金的实证研究［J］．经济理论与经济管理，2007（10）.

[64] 李健，吴腾华．金融市场结构优化的评价标准与指标体系［J］．中央财经大学学报，2009（8）.

[65] 赵晓雷．中国资本市场实证分析［J］．财经研究，1998（10）.

[66] 邢乐成，宋琳．论我国资本市场功能缺陷的深层次原因——基于资本成本的分析［J］．财贸经济，2003（12）.

[67] 祁守成．中国资本市场的制度变迁及目前存在的问题［J］．北方经济，2010（7）.

[68] 屈波．海内外多层次资本市场发展模式比较［J］．中国证券期货，2011（2）.

[69] 邓召明，范伟．我国证券市场融资效率实证研究［J］．国际金融研究，2001（10）.

[70] 胡炳志，王兵．中国资本市场的效率分析［J］．管理世界，2002（9）.

[71] 裴平，张谊浩．中国股票投资者认知偏差的实证检验［J］．管

理世界，2004（12）.

［72］邵国华，高海明．一个证券投资风险计量的优化模型［J］．金融理论与实践，2011（5）.

［73］邵瑞萍．随机漫步，效率市场与证券市场分析［J］．安徽大学学报，2002（6）.

［74］史代敏，杜丹青．沪深股票市场弱有效性对比研究［J］．财经科学，1997（6）.

［75］王志强，段谕．股票价格与货币需求关系的实证分析［J］．东北财经大学学报，2000（2）.

［76］苏冬蔚．基于中国股市微观结构的流动性与执行成本分析［J］．当代财经，2004（2）.

［77］江晓东，杨灿．股票收益率波动的实证研究［J］．东南学术，2002（2）.

［78］陈维云，黄曼慧，吴永．深市波动率特征分析［J］．重庆大学学报，2005（1）.

［79］戴晓凤，杨军，张清海．中国股票市场的弱式有效性检验：基于单位根方法［J］．系统工程，2005（11）.

［80］刘煜辉，熊鹏．资产流动性，投资者情绪与中国封闭式基金之谜［J］．管理世界，2004（3）.

［81］董志勇．基于 GCAPM 的羊群行为检验方法及中国股市中的实证研究［J］．金融研究，2007（5）.

［82］邵国华，余盛昌．我国债券市场的绩效研究［J］．理论探讨，2013（3）.

［83］袁源．中国证券市场波动性的实证分析［J］．系统工程，2008（6）.

［84］宋逢明，江婕．中国股票市场波动性特性的实证研究［J］．金融研究，2003（4）.

［85］廖进球．公共经济行为的失效与防范［J］．当代财经，2003（12）.

［86］廖敏辉．我国股市波动非对称性研究［J］．邵阳学院学报（社会科学版），2007（3）.

［87］陈睿．A 股市场股本规模和波动性实证研究［J］．现代商贸工

业，2007（10）.

［88］谢朝华，彭建刚．论资本市场效率的结构性基础［J］．理论探索，2009（1）.

［89］龙吉德．完善我国资本市场的思考与建议［J］．华中师范大学研究生学报，2011（6）.

［90］周海燕．我国股价指数波动及其宏观影响因素分析［D］．重庆大学硕士学位论文，2005.

［91］陈小悦，孙爱军．CAPM 在中国股市的有效性检验［J］．北京大学学报（哲学社会科学版），2000（4）.

［92］董合平，韩泽县．中国证券市场股指收益率分布及非线性检验的实证研究［J］．北京理工大学学报（社会科学版），2005（5）.

［93］李金林，金钰琦．中国股票 A 股市场随机游走模型的检验［J］．北京工商大学学报（自然科学版），2002（4）.

［94］贾芳琳．我国股价波动的原因分析［J］．商业研究，2003（13）.

［95］周晓华．证券投资基金市场时机选择能力研究［J］．数量经济技术经济研究，2001（4）.

［96］马骥，郭睿．中国股票市场波动性的实证分析［J］．哈尔滨工业大学学报，2004（6）.

［97］孟建国．资本市场有效理论的嬗变及对我国证券市场的借鉴［J］．商业研究，2002（15）.

［98］赵春光，袁君丽．股价与成交量关系的实证研究——来自深圳证券市场的实证证据［J］．财经科学，2001（6）.

［99］沈波涛，林静．我国股票市场弱“晴雨表”功效的解释：IS—LM 模型分析［J］．财经理论与实践，2001（1）.

［100］龙小波，吴敏文．证券市场有效性理论与中国证券市场有效性实证研究［J］．金融研究，1999（3）.

［101］邓子来，胡健．市场有效理论及我国股票市场有效性的实证检验［J］．金融论坛，2001（10）.

［102］吴世农．我国证券市场效率的分析［J］．经济研究，1996（4）.

［103］陈泉，叶兴国．有效资本市场理论的实证检验［J］．黑龙江财

专学报，2001（5）.

［104］徐加根，黄才伟．对我国证券市场有效性的检验［J］．财经科学，2000（4）.

［105］徐琼，蒋振声．股票价格与货币需求关系的实证分析［J］．商业研究，2003（12）.

［106］张维．资本市场，融资结构与经济增长［J］．开发研究，2004（6）.

［107］郑长德，马俊．中国证券市场与经济增长：基于季度时间序列数据的统计分析［J］．西南民族大学学报（自然科学版），2006.

［108］张煜．我国资本市场与经济增长关系的实证分析［J］．兰州学刊，2005（4）.

［109］王军，谢瑞．资本市场促进经济增长的消费需求机制分析［J］．金融教学与研究，2001（5）.

［110］胡宗义，宁光荣．资本市场对我国经济增长贡献的研究［J］．湖南大学学报（社会科学版），2004（2）.

［111］郑海燕．中国资本市场的规模与结构对经济增长的作用的理论与实证研究［D］．华中师范大学硕士学位论文，2005.

［112］王铁铭．中国资本市场宏观效应研究［D］．吉林大学博士学位论文，2007.

［113］李丰才．我国资本市场结构创新问题探索［J］．金融理论与实践，2009（1）.

［114］谭永全．论我国国债市场的发展［J］．扬州大学学报，2007（7）.

［115］李红权，马超群．中国证券投资基金绩效评价的理论与实证研究［J］．经济研究，2004（7）.

［116］王聪．证券投资基金绩效评估模型分析［J］．经济研究，2001（9）.

［117］吴金旺．我国证券投资基金绩效评价与实证研究［D］．西南财经大学硕士学位论文，2006.

［118］刘霞．证券投资基金绩效评价方法及实证分析［J］．商业研究，2004（5）.

［119］陈鹏．基于 VaR 的我国证券投资基金绩效评价方法［J］．价值

工程，2006（6）.

［120］严碧容．论我国资本市场的有效性［J］．武汉理工大学学报，2004（5）.

［121］董秀良，薛丰慧．我国 IPO 定价制度改革效果的实证分析［J］．长春工业大学学报（社会科学版），2008（3）.

［122］许敏，郑垂勇．江苏省上市公司资本配置效率及其影响因素的实证研究［J］．财会月刊，2009（18）.

［123］王一鸣，李剑峰．我国债券市场收益率曲线影响因素的实证分析［J］．金融研究，2005（1）.

［124］刘赣州．资本市场与资本配置效率：基于中国的实证分析［J］．当代经济研究，2003（11）.

［125］刘义圣．中国资本市场的功能变迁与制度完善［J］．当代经济研究，2004（7）.

［126］张广新．我国资本市场功能与效率问题研究［J］．经济与社会发展，2005（2）.

［127］赵北亭，于鸿君．我国资本市场与经济增长关系的实证分析［J］．北京大学学报，2001（5）.

［128］王先锋．中国股票市场发展与经济增长关系的实证分析［D］．苏州大学硕士学位论文，2005.

［129］史代敏，吴阳，张永任．中国股票市场资本配置效率评价——基于产业资本形成角度的实证分析［J］．石家庄经济学院学报，2006（2）.

［130］张魁伟，许可．湖北省行业资本配置效率实证研究［J］．经济经纬，2006（6）.

［131］胡援成．企业资本结构与效益及效率关系的实证研究［J］．管理世界，2002（10）.

［132］焦方义．论我国资本市场的结构与效率［J］．经济学动态，2003（1）.

［133］周钟山．我国资本市场结构优化研究［J］．当代经济，2009（10）.

［134］卓峻．我国资本市场结构、效率及建议［J］．当代经济，2011（3）.

［135］桂荷发．中国债券市场发展、开放与问题［J］．国际金融研究，2003（9）．

［136］陈富良．政府规制中的多重委托代理与道德风险［J］．财贸经济，2004（12）．

［137］李先龙，徐学文．论我国资本市场的现状及改革途径［J］．科技风，2013（5）．

［138］陈灿煌．中外证券市场结构比较研究［J］．兰州学刊，2005（4）．

［139］吴晓求．中国资本市场未来10年发展的战略目标与政策重心［J］．中国人民大学学报，2012（2）．

［140］郜旭芳．论全球经济一体化背景下我国成熟的资本市场构建［J］．金融经济，2012（22）．

［141］祁斌．资本市场与中国经济社会发展［J］．中国人大，2011（12）．

［142］苏均和．我国多层次资本市场的构建研究［J］．探索与争鸣，2010（3）．

［143］杨业中．我国多层次资本市场体系的构建与完善［J］．时代金融，2014（2）：183－184．

［144］周春巧．我国上市公司资本结构优化探析［J］．理论探讨，2014．

［145］连茂君，支大林，许多．我国债券市场结构优化问题研究［J］．社会科学，2014（3）．

［146］陈金红．我国债券市场微观结构浅述［J］．中国农业银行武汉培训学院学报，2014（3）：79－80．

［147］时建中，刘国胜．我国资本市场结构模式探析［J］．河北经贸大学学报，2014（9）：93－100．

［148］李福泉，王宝林．中国资本市场的结构调整研究［J］．金融经济，2014．

［149］李哲．构建中国特色的“一主三辅”多层次资本市场体系［J］．江西社会科学，2012（8）．

［150］刘翔，余皓宇．封闭式基金折价与分红的实证研究［J］．北京工商大学学报，2013（3）．

［151］李小芳．基于 DEA 的证券投资基金绩效评价［J］．理论探讨，2013（8）．

［152］庞丽艳，李文凯，黄娜．开放式基金绩效评价研究［J］．经济纵横，2014（7）：91－95．

［153］高慧，储振国．我国产业结构优化研究——基于资本市场视角［J］．中国集体经济，2013（11）．

［154］冯慧，王岚．我国开放设计基金业绩问题研究综述［J］．经营与管理，2013（5）：72－76．

［155］王赫一．我国证券投资基金绩效评价及绩效持续性研究［J］．统计与决策，2012（6）：152－154．

［156］宋丽平，王小菲．中国开放式基金选股和择时能力实证分析［J］．合作经济与科技．2014（2）：45－47．

［157］吴风博．基于市场有效性理论的中国股票市场现状分析［J］．长春工业大学学报（社会科学版），2013（5）．

［158］叶茂升．国内外股票市场财富效应研究文献综述［J］．现代商贸工业，2013（4）．

［159］饶洪琳．我国股票市场的托宾 Q 效应研究［J］．企业导报，2011（20）．

［160］方意，谢晓闻．中国多层次资本市场间非线性关联效应研究：兼论资本市场成熟度［J］．经济科学，2014（3）．

［161］庞丽艳，李文凯，黄娜．开放式基金绩效评价研究［J］．经济纵横，2014（7）．

［162］田立辉，张伟．政治关联和我国股票发行抑价："政企不分"如何影响证券市场？［J］．财经研究，2014（6）．

［163］章卫东，成志策等．上市公司过度投资、多元化经营与地方政府干预［J］．经济评论，2014（3）．

［164］余瑜，王建琼．基于中国资本市场特性的市场时机理论拓展研究［J］．经济体制改革，2014（2）．

［165］涂红，刘月．中国风险资本市场发展的决定因素：基于分地区面板数据的经验分析［J］．南开经济研究，2014（2）．

后　记

本书是在我主持研究的国家哲学社会科学基金项目“我国资本市场结构的功能绩效评价及优化研究”报告基础上修改而成的。本书的出版得到了江西财经大学经济学院学科建设基金的资助，在此表示衷心的感谢！

本项目选题及研究基本框架是基于2006～2010年追随廖进球教授从事博士后研究的成果，但研究内容有较大完善和提高。在此项目的研究过程中，让我真正体会到了“学海无涯”的寓意！我也深知由于本人知识的肤浅致使本项目的研究不够深入和完善。希冀本项目研究成果的面世，一方面能为我国资本市场的完善和发展研究起到抛砖引玉的作用；另一方面期待广大同行专家学者们多提宝贵意见，以便我在今后的进一步研究工作中能有所提高。

我深知这份研究报告能以专著出版是众多同人和亲人帮助与支持的结果。在此，借此机会对曾经指导和帮助过我的北京大学经济学院董志勇教授、四川大学张红伟教授、江西财经大学廖进球教授、王乔教授、陆长平教授、胡援成教授、汪洋教授、严武教授、杨飞虎教授、桂林教授、席小炎副教授、吴有云研究生等表示真挚的感谢！

衷心感谢我那八十七岁年迈开明的慈母对我工作的鼓励和支持，您的淳朴与宽容将激励着我不忘初心，继续前行！

感谢我的妻子及项目组成员黄映琼副教授和在读大二的女儿邵黄熠婷对我的帮助和关怀！你们是我赖以远航的风帆和动力！

鉴于资本市场是一个复杂而又富有创新性的市场，再加上本人水平有限，因此本书一定存在诸多不足之处，在此敬请各位专家和学术同人等批评指正！

邵国华

2016年9月11日于南昌